Seconde navigation faicte par le commandement et vouloir du tres chrestien Roy Francoys premier de ce nom Au parachevement de la descouverture des terres occidentalles estantes soubz le climat et parallelles des terres et royaulme dud. sr Le par luy precedentement ja commancees a faire de commancer Icelle navigacion faicte par Jacques cartier natif de Saint malo de lisle en bretaigne pillote dud. sr en lan mil cinq cens trante cinq

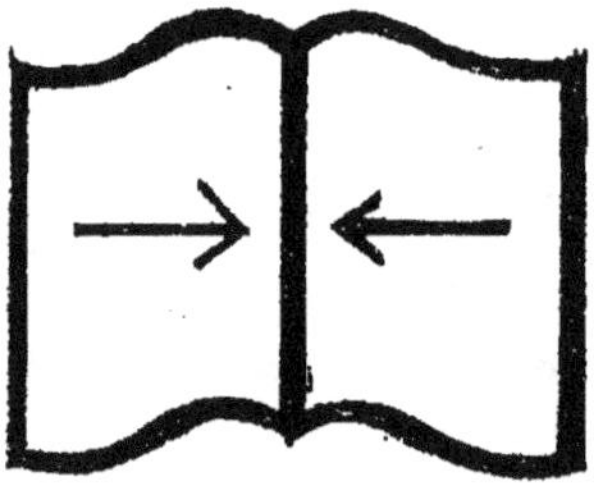

RELIURE SERREE
Absence de marges
intérieures

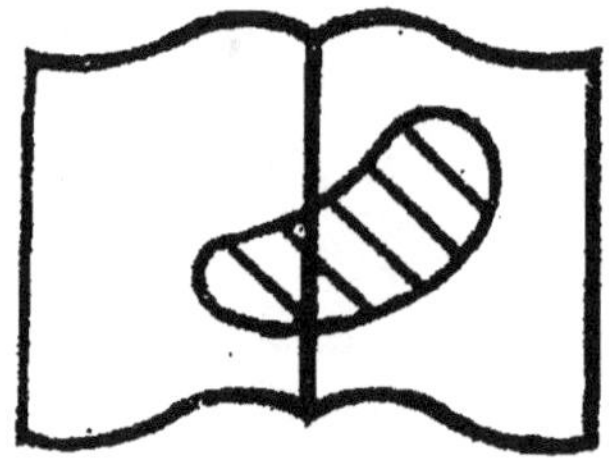

Illisibilité partielle

VALABLE POUR TOUT OU PARTIE
DU DOCUMENT REPRODUIT

Contraste insuffisant
NF Z 43-120-14

Au Roy treschrestien

Considerant O mon tres redoubte prince les grans biens et don de grace quil a pleu a dieu le createur faire a ses creatures Et entre les aultres de mettre et asseoir le souleil qui est la vie et augmentance de toutes choses Et sans lequel nulle ne peult fructiffier ny generer en leur et place la voulte a son mouvement et declinaison contraire et non semblable aux aultres planetes par lesquelz mouvement et declinaison toutes creatures estantes sur la terre En quelque lieu et place quelles puissent ester en ont ou en prenent aucune en lan dudit souleil qui est 365 jours et six heures auctant de veue occulaire les ungs que les aultres non que il soit tant chault et ardant es ungs lieux que es aultres par ses rayz et reverberacions ny la division des jours et nuictz en pareille egalite Mais suffist quil est de telle sorte et tant temperement que toute la terre est ou peult ester habitee en quelque zone clymat ou parallelle que ce soit de telle antiq les eaux arbres herbes et toutes aultres creatures de quelque genre que ce soit qui elles sont par linfluance dicelluy souleil donnent fructz et germinacions selon leurs natures pour la vie et nourriture des creatures humaines Et si aucuns vouloient dire le contraire de ce que dessus en alleguant le dict des saiges philozofes du temps passe qui ont descript et faict division de la terre par cinq zones dont ilz ont dict et afferme troys inhabitables Cest assavoir la zone torride qui est entre les deux tropicques ou passe pour la grant chaleur reverberacion du souleil qui passe par le zenith de la zone Et les deux zones articque et antarticque pour la grant froideur qui est en icelle a cause du peu de chaleur quilz ont dudit souleil et aultres raisons Je confesse quilz ont escript la maniere et lieu seurement quilz le pensoient ainsi et quilz le trouvoient par aucunes raisons naturelles la ou ilz prenoient leur fondement Et dicelles se contentoient seulement sans aventurer ny mettre leurs personnes aux dangers

Esquelz ilz eussent peu verifier a chercher lexperiance de
leur dire Mais je diray pour ma Replicque que ce premier
divers philosophes a laisse par ses escriptures ung
bref mot de grande consequance qui dict Que experiantia est
rerum magistra Par lenseignement duquel Joy oze entreprendre
de adresser a la Vostre Majeste Royalle cestuy propos
en maniere de prologue de ce myen petit labeur Car suyvant
vostre Royal commandement les simples mariniers de present Non
ayant eu tant de craincte des mortz en aventurer divers
perilz et dangiers quelz qui ce soit et ont desir de vous faire treshumble
service a laugmentation de la tressaincte foy chrestienne ont augmente le
contraire de celle oppinion desdictz philozophes par vraye experiance
Jay allegue ce que davant pource que je Regarde que le soleil
qui chacun jour se lieve a Loriant et se Recouche a loccidant
faisant le tour et circuyt de la terre donnant lumiere chaleur
a tout le monde en vingt quatre heures qui est ung tour
naturel sans aucune interruption de son mouvement et
cours naturel Et a lexemple de quoy je pense en mon simple
entendement et sans aucune Raison y alleguer quil pleust a dieu
par sa divine bonte Que toutes humaines creatures estantes
habitantes sur ce globe de la terre ainsi quelles ont veue
laugmentance dicelluy soleil ainsi ce ayent pour le temps
advenir augmentance et croissance de nostre saincte foy Par commencement
Icelle nostre tressaincte foy a este premier plantee en la
terre saincte qui est en lasye a loriant de nostre europe Et
depuis par succession de temps apportee [illegible] jusques
a Rome Et finablement en loccidant de nostre dicte europe a
lexemple dudict soleil portant sa clarte chaleur devant
en occidant comme dit est Et pareillement Avons nous
veu Icelle nostre tressaincte foy par plusieurs foys a [illegible]

des meschans heretiques et faulx legistateurs eclipsee en aucuns
lieux et depuis soubdainement relluyre et monstrer sa clarte
plus appertement que auparavant. Et maintenant voyons aussi
comme les meschans lutheriens de ses et aultres s'efforcent
dicelle obnubiler et finablement du tout estaindre. Et dieu
et les vrays suppostz dicelle y donnent ordre par mortelle
justice. Ainsi que on voit faire chascun jour es voz pays et
royaulme par bon ordre et police que y avez mys. Pareillement
aussi voit on comme au contraire diceulx enfans de Satan les
princes chrestiens et vrays pilliers de l'eglise catolicque s'efforcent
de jour en jour dicelle augmenter et acroistre ainsi que a
fait le catholicque Roy d'Espaigne es terres qui par son commandement
ont este descouvertes a l'occident de ses pays et royaulmes
lesquelles auparavant nous estoient incongneues estranges et hors
de nostre foy comme la neufve Espaigne, l'Ysabelle, terre ferme
et aultres ysles ou on a trouve innumerables peuples qui ont este
baptisez et reduictz a nostre tressaincte foy.

Et maintenant en ceste navigation faicte par vostre royal
commandement en la descouverture des terres occidentalles estans
soubz les climatz et paralelles de voz pays et royaulme non
auparavant a vous ny a nous congneues pourrez veoir et savoir
la bonte et fertillite dicelles, la innumerable quantite des peuples
y habitans, la bonte et paisiblete diceulx et pareillement la
fecondite du grant fleuve qui decourt et arrouse le parmy dicelles (C'est la riviere de Canada)
voz terres qui est le plus grant sans comparaison que on saiche
jamais avoir veu. Lesquelles choses donnent a ceulx qui les
ont veues certaine esperance de l'augmentation future de nostre
tressaincte foy et de voz seigneuries et nom treschrestien ainsi qu'il

Vous pourra veoir par ce present petit livre auquel
sont amplement contenues toutes les choses dignes de
memoire que avons veues et qui nous sont advenues tant
en faisant lad. navigation que estant et faisant sejour en
vostre pays et terres les fleuves dangers et gisements
d'icelles terres

Le dimanche jour et feste de la penthecoste
xvj^me jour de may audit an mil cinq cens trente cinq
du commandement du capp^ne et bon vouloir de tous chun
se confessa et receusmes tous ensemblement n[ost]re createur
en l'eglise cathedral dud. sainct malo. Apres lequel
avoir receu fusmes nous presenter au cueur de lad.
eglise devant reverend pere en dieu mons^r de sainct
malo lequel en son estat episcopal nous donna
sa benediction.

Et le mercredy ensuivant dixneuf^me jour de may le
vent vint bon et convenable. Et appareillasmes avecq lesd.
troys navires Savoir la grand hermyne du port de
environ cent a six^xx tonn. ou estoit led. capp^ne general
et pour maistre Thomas fromont. Claude du
pontbryand filz du s^r de montreal et eschansson de
monsr^r le daulphin. Charles de la pommeraye
et aultres gentilz hommes. Au second navire nommé
la petite hermyne du port de environ soixante tonn.
estoit capp^ne soubz led. cartier Marc jalobert et
maistre Guillaume le marye. Et au tiers et plus petit
navire nommé lhemerillon du port de environ xl
tonn. en estoit capp^ne guill^e le breton et maistre
Jacques maingart. Et navigasmes avecq bon temps

Jusques au vingt sixiesme jour dud. moys de may que le temps se tourna en yre et tormente qui nous a duré a ventz contraires et serraisons autant que jamais navires qui passassent ladite mer eussent sans aucun amendement. Tellement que le vingt cinquiesme jour de juing par led. mauvais temps et serraison nous entreperdismes tous troys sans que nous ayons eu nouvelles les ungs des autres jusques a la terre neufve la ou avyons limitté nous trouver tous ensemble.

Et depuis nous estre entreperduz avons esté avecq la nef generalle par la mer de tous ventz contraires jusques au vii.e jour de juillet que nous arrivasmes a lad. terre neufve. Et prinsmes terre a l'isle es oyseaulx laquelle est a quatorze lieues de la grand terre. Icelle ysle est si treffort plaine d'oyseaulx que tous les navires de France y pourroyent facillement charger sans que on s'apperceust qu'on en eust tiré. Et la en prinsmes deux barquees pour parties de noz victailles. Icelle ysle est en l'elevation du polle en quarante neuf degrez quarante minuttes. Et le viii.e jour dud. moys nous appareillasmes de ladite ysle et avecq bon temps vinsmes au hable de blanc sablon estant en la baye des chasteaulx le quinziesme jour dud. moys qui est le lieu ou nous devyons attendre noz compaignons jusques au vingt sixiesme jour

Dudit moys quilz arriverent tous deulx ensemble. Et la
nous acoustrasmes et prinsmes eaues, boys et aultres
choses necessaires. Et appareillasmes et fysmes voille
pour passer oultre, le vingt neufme jour dud. moys
a l'aube du jour, et fismes porte le long de la coste
du nort gisant est nordest et ouaist surouaist jusques
environ les huit heures du soir que mismes les
voilles bas, le travers de deulx ysles, qui s'avancent
plus hors que les aultres, que nous nommasmes les
ysles sainct guillme, lesquelles sont environ vingt
lieues oultre le hable de brest, le tout de lad.
coste, depuis les chateaulx jusques icy gist est nordest
et ouaist surouaist, rangee de plusieurs ysles et terres
toute hachee et pierreuse, sans aucunes terres ne boys
fors en aucunes vallees.

Le landemain, penultime jour dud. moys, nous fismes
courir a ouaist pour avoir congnoissance d'aultres
ysles qui nous demouroyent environ douze lieues et
demye, entre lesquelles ysles se faict une coche
vers le nort, toute a ysles et grandes bayes
apparessantes y avoir plusieurs bons hables. Nous
les nommasmes les ysles saincte marthe, hors

Lesquelles environ une lieue et demye: a la fin y a
une basse fort dangereuse, ou il y a quatre ou cinq testes
qui demeurent le travers desdictes hayes en la routte
dest et ouaist desd. ysles sainct guillaume, et autres
ysles qui demeurent a ouaist surouaist des ysles
saincte marthe environ sept lieues. Lesquelles ysles
nous eusmes queneus lad. jour environ une heure apres
midi. Et depuis led. jour jusques a l'orloge
rivante fismes course environ quinze lieues jusques le
travers d'un cap desd. basses que nous nommasmes
les ysles sainct germain, au surest duquel cap environ
troys lieues ya une autre basse fort dangereuse.
Et pareillement entre led. cap sainct germain et saincte
marthe ya ung banc hors desd. ysles environ deux
lieues sur lequel n'y a que quatre brasses. Et pour
le dongier de ladite coste mismes les voilles
bas et ne fismes poinct lad. nuyt.

Le landemain dernier jour de juillet fismes course
le long de ladicte coste qui gist est et ouaist quart
du surest, laquelle est toute frangee d'isles et basses
et coste fort dangereuse. Qu'elle contient depuis
ledict cap des ysles sainct germain jusques a la fin
des ysles environ dix sept lieues et demye. Et

De la fin desd ysles ya vne moult belle terre basse plaine de
grands arbres et haultz et est icelle coste toute rangee de
sablons sans y avoir aucune apparissance de hable iusques
au Cap de tiennot qui se rabat au norouaist qui est
a environ sept lieues desd ysles lequel cap recongnoissions
du voyage precedent et pource fismes porter toute la nuict
a ouaist norouaist iusques au iour que le vent
nous fut contraire et allasmes cercher vng hable ou mismes
nz navires qui est vng bon petit hable oultre led
Cap tiennot environ sept lieues et demye et est
entre quatre ysles sortante a la mer Nous le nommasmes
le hable sainct nicollas Et sur la plus prochaine
ysle plantasmes vne grande croix de boys pour merche
Il fault amener lad croix au nordest puys l'aller querir
et la laisser de tribort et trouverez de parfond
vi brasses, posez dedans led hable a quatre brasses
et se fault donner garde de deux basses qui demeurent
des deux costez a demye lieue hors Toute ceste
coste est fort dangereuse et plaine de basses
Non obstant qu'il semble y avoir plusieurs hables n'y a
que basses et plateiz Nous fusmes aud hable
despuis led iour iusques au dimanche viii^e
iour daoust auquel iour appareillasmes et vinsmes
querir la terre du su vers le cap de Rabast
lequel est distant dud hable environ vingt lieues

gissant nort nordest et su suroaist Et le landemain
le vent vint contraire et pource que ne trouvasmes nulz
hables a la terre du su fismes porter vers le
nort oultre le precedent hable denviron ~~dix lieues~~
dix lieues ou trouvasmes une fort belle et grande
baye plaine disles et bonnes entrees et posaige de tous
les temps quil pourroyt faire et pour congnoissance
dicelle baye ya une grande ysle come ung cap de
terre qui auance plus hors que les aultres Et sus
la terre environ deux lieues ya une montaigne
faicte come ung tas de ble Nous nommasmes
ladicte baye la baye sainct laurens.

Le premier jour dudict moys nous partismes de
ladicte baye sainct laurens et fismes porter a ouaist
et vinsmes querir ung cap de terre devers le su
qui gist environ le ouaist ung quart du suroaist
dudict hable sainct laurens environ vingt cinq lieues
Et par les deux saulvaiges que auyons prins le
premier voyaige nous fut dict que cestoit dela terre
devers le su et que cestoit une ysle et que par

le su dicelle estoit le chemin a aller de hongnedo en
nous les avions prins le premier voiage a Canada et
que a deux journees dela dicte ysle commancoyt
le Royaume du saguenay a la terre devers le
nort allant vers led Canada. Le travers dud
Cap environ troys lieues ya de parfond cent
brasses et plus. Et nest memoyre de jamais avoir
tant veu de ballaines que nous veismes celle journee
le travers dud Cap.

Le lendemain jour nre dame daoust quinziesme dud moys
Nous passasmes le destroict la nuict davant
Et le lendemain eusmes congnoissance de terres qui nous
demouroient vers le su qui est une terre a haultes
montaignes a merveilles dont le cap susd de lad
ysle que nous avons nomme ysle de lassumption et ung
cap desd haultes terres gisent est nordest et
ouaist suroaist Et y a entre eulx vingt cinq lieues
et voyt on les terres du nort encores plus
haultes que celles du su a plus de trente lieues
Nous rangeasmes lesd terres du su depuis
led jour jusques au mardy midi que le vent
vint ouaist et mismes le cap au nort pour aller
querir lesdictes haultes terres que voyons Et nous
estans la trouvasmes lesd terres unyes et basses,

Desd. la mer et lesd. montaignes de devers le nort
par sus lesd. basses terres [illegible] icelles est et
court ung [illegible] de [illegible] et par les sauvaiges
que avions prins a este dict que c'estoit le
commancement du Saguenay et terre habitee et
que dela venoit le cuyvre rouge qu'ilz appellent
Caignetdaze. Il ya entre les terres du su et
celles du nort environ trente lieues et plus de deux cens
brasses de parfond. Et nous ont lesd. sauvaiges certiffye
estre le chemyn et commancement du grand fleuve de
Hochelaga et chemyn de Canada, lequel alloit tousjours
en estrecissant jusques a Canada et puis que l'on trouve
l'eaue doulce audit fleuve qui va si loing que jamays homme
n'avoit este au bout qu'ilz eussent ouy et que autre
passaige n'y avoit que a bateaulx. Et voyant leurs
dire et qu'ilz affermoient n'y avoir aultre passaige
ne voulut led. cappitaine passer oultre jusques
a avoir veu la reste et coste devers le nort
qu'il avoit obmis a veoir depuis la baye
Sainct Laurens pour aller veoir la terre du su
pour veoir s'il y avoit aucun passaige.

xiiij

Comment le capp.^ne^ fict retourner les navires en arriere jusques a avoir congnoiss. de la baye sainct Laurens pour veoir sil y avoit aucun passaige vers le nort

Le mercredi xj^e^ jour daoust ledict capp.^ne^ fict retourner les navires en arriere et mectre le cap de lautre bord et rangasmes lad. coste du nort qui gist nordest et surouaist faisant ung demy arc qui est une terre fort haulte non tant come celle du su et arrivasmes le jeudi a sept ysles moult haultes que nous nommasmes les ysles rondes qui sont a environ quarante lieues des terres du su et sortent hors a la mer troys ou quatre lieues Le travers desquelles y a ung commancement de basses terres plaines de beaulx arbres lesquelles terres nous rangasmes le vendredi avecques noz barques Le travers desquelles y a plusieurs bancqs de sablon a plus de deux lieues a la mer fort dangereux lesquelz demeurent de basse mer et au bout dicelles basses terres qui contiennent environ dix lieues y a une riviere deaue doulce sortant a la mer tellement que a plus dune lieue de terre elle est aussi doulce que eaue de fontaine Nous entrasmes en lad. riviere avecq noz barques et y trouvasmes a l'entrée que brasse et demye. Et y a dedans ladicte riviere plusieurs poissons qui ont forme de chevaulx lesquelz vont a la terre de nuyct et de jour a la mer ainsi qu'il nous fut dit par nozdictz sauvaiges. Et de cesdictz poissons veismes grand nombre dedans ladicte riviere.

Le landemain xvme jour dudict moys au matin a l'aube du jour fismes voille et fismes porter le long de ladicte coste tant que nous eusmes congnoissance de la coste de ladicte coste du nort que navions veu et de l'isle de l'Assumption que nous avyons esté querir au partir de ladicte terre. Et lors que nous fusmes certains que ladicte coste estoit rangée et qu'il n'y avoit nul passaige retournasmes a noz navires qui estoient esdictes sept ysles ou il y a bonnes raddes a xviii et a vingt brasses et sablon. Auquel lieu avons esté sans pouvoir sortir ny faire voille pour la cause des bruymes et ventz contraires qu'il faisoit jusques au xixme dudict moys que nous appareillasmes et avons esté par la mer chemyn faisant jusques au vingt neufme dudict moys que fusmes arrivez vng hable dela coste du su qui est enuyron iiij^xx lieues decest ysle lequel est le trauers de troys ysles pelees qui sont par le parmy du fleuue. Et enuyron le my chemin deces ysles et ledict hable deuers le nort y a vne fort grande riuiere qui est entre les haultes et basses terres laquelle faict plusieurs bancs ala mer a plus de troys lieues qui est vng pays fort dangereux et some de deux brasses et moins / Et ala choste diceulx bancs trouuerez xxv et trente brasses bort abort. Toute ycelle coste du nort gist nort nordest et su suroest.

Le hable Seruant dict ou prinsmes qui est ala terre du su est hable de maree et de peu de valleur. Nous le nommasmes les ysleaux sainct Jehan parce que nous y entrasmes le jour dela decollacion dudict sainct. Et auparauant que arriuer audict hable y a vne ysle a lest dicelluy enuyron cinq lieues ou il ny a point de passaige entre terre et elle que par bateaulx. Ledict hable des ysleaux sainct Jehan asseche toutes les marees et y marine leaue de deux brasses. Le meilleur lieu a mettre nauires est vers le su dung petit yslot qui est au mylieu dudict hable bort audict yslot.

Riuiere de Saguenay

Nous apparoillasmes dud hable le premier jour de septembre pour aller vers Canada et enuiron quinze lieues dud hable a louest surouest y a troys ysles au mylieu dud fleuue Le trauers desquelles y a une riuiere fort parfonde et courante qui est la riuiere et chemyn du Royaume et terre du saguenay ainsi que nous a este dit par noz hommes du pays de Canada et est ycelle riuiere entre haultes montaignes de pierre nue sans y auoir que peu de terre et non obstant y a grand quantite darbres et de plusieurs sortes qui croyssent sur lad pierre nue comme sur bonne terre De sorte que nous y auons veu tel arbre suffisant a master nauire de trente thonneaux aussi vert que soit possible lequel estoit sur ung Roch sans y auoir aucune saueur de terre A lentree dicelle riuiere trouuasmes quatre barques de Canada qui estoient la venues pour faire pescherie de loups marins et aultres poissons Et nous estans posez dedans lad riuiere vint deux desd barques vers noz nauires lesquelles venoient en une peur et crainte De sorte que en Recullit une et laultre aprocha pres quilz peuoient entendre lung de noz sauvages qui se nomma et fist sa congnoissance et les fist venir seurement abort.

Le landemain huict^me^ jour dud. moys de septembre partismes hors de lad. riviere pour faire le chemin vers Canada. Et trouvasmes la maree fort courante et dangereuse pource que devers le su de lad. riviere y a deux ysles a lentour desquelle a plus de troys lieues n'y a que deux et troys brasses semez de groz perrons comme thonn. et pippes et les marees decepvantes par entre lesd. ysles de sorte que cuydasmes y perdre nre gallion sinon le secours de noz barques et a la choiste desd. plateys y a de parfond trente brasses et plus. Passe lad. riviere du Saguenay et lesd. ysles environ cinq lieues vers le suroest y a une aultre ysle vers le nort de laquelle y a de moult haultes terres le long desquelles cuydasmes poser lancre pour actendre lebbe et ny peusmes trouver le fons a vi^xx^ brasses a ung tect dare de terre de sorte que fumes contrainctz retourner vers lad. ysle ou posasmes a trente cinq brasses et beau fons.

Le landemain au matin fismes voille et appareillasmes pour passer oultre et eusmes congnoiss^ce^

(Suivra)

dune sorte de poissons desquelz ne fust memoire
dhomme avoir veu ny ouy. Lesdictz poissons sont
aussi groz comme morhoux sans avoir aucun estoq
et sont assez faictz par le corps et teste de la
facon dun levrier aussi blancs comme neige
sans aucune ~~tapche~~ tache et y en a moult grand
nombre dedans ledict fleuve qui vivent entre la mer
et leaue doulce. Les gens du pays les
nomment adhothuys et nous ont dict quilz sont
fort bons a manger. Et si nous ont affermé ny en
avoir en tout ledict fleuve ny pays que en cest
endroit.

Le vime jour dudict moys avecq bon vent feismes
courir amont ledict fleuve environ quinze lieues
et vinsmes poser a une ysle qui est bort a la terre
du nort laquelle faict une petite baye et
conche de terre a laquelle il y a ung nombre
inestimable de grandes tortues qui sont es environ
dicelle ysle. Pareillement les gentz du pays se

sault et environ de ladicte ysle grande pescherie
de adhothuys en devant eschoph / Il y a aussi
grand courant et environ de ladicte ysle comme devant
bordeaulx de flo et ebbe. Icelle ysle contient environ
troys lieues de long et deulx de large et est
une fort bonne terre et grasse plaine de beaulx et
grandz arbres de plusieurs sortes Et entre aultres y a
plusieurs couldres franches que trouvasmes fort chargez
de noysilles aussi grosses et de meilleure saveur
que les nostres mais ung peu plus dures Et
pour ce la nommasmes lysle es couldres.

Le viij^e jour dudict moys jour nostre dame apres
avoir ouy la messe nous partismes de ladicte
ysle pour aller amont ledict fleuve et vinsmes a
xiiij ysles qui estoient distantes de ladicte ysle
es couldres de sept a huict lieues qui est le
commancement de la terre et prouvynce de Canada
desquelles y en a une grande qui a environ dix
lieues de long et cinq de large ou il y a

c'est l'ile d'Orliens

gens demourans qui font grande pescherie de tous
les poissons qui sont dedans led. fleuve selon les
saisons desquelz sera faict cy apres mention. Nous
estans posez et a lancre entre icelle grande ysle et la
terre du nort fumes a terre et portasmes les deux
hommes que nous avions prins le precedent voyage
et trouvasmes plusieurs gens du pays lesquelz
commencerent a fuyr et ne voulurent approcher
jusques a ce que lesd. deux hommes commencerent
a parler et leur dire qu'ilz estoient taignoagny et
Verte folia duo † dom agaya. Et lors qu'ilz eurent congnoissance
d'eulx commencerent a faire grand chere dansant et
faisant plusieurs cerimonyes et vindrent partie des
principaulx a noz bateaulx lesquelz nous apporterent
force anguilles et aultres poissons avec deux ou
troys charges de gros mil qui est le pain
duquel ilz vivent en lad. terre et plusieurs gros
melons. Et icelluy jour vindrent a noz navires
plusieurs barques dud. pays chargees de gens tant
hommes que femmes pour veoir et faire chere a nosd.
deux hommes lesquelz furent tous bien receuz par
led. cap^ne qui les festoya de ce que peult et pour
faire sa congnoissance leur donna aucuns petitz presens
de peu de valleur desquelz se contenterent fort.

Donnacona
Agouhanna

Le landemain le seigneur de Canada nommé Donnacona
en nom et s'appellent pour seigneur Agouhanna vint
avecq douze barques acompaigné de plusieurs gens davant
noz navires puis en fist retirer arriere dix et vint seullement
avecques deux a bort desdits navires acompaigné de seize
hommes. Et commança ledit Agouhanna le travers
du plus petit de noz navires a faire une predication et
preschement a leur mode en demenant son corps et
membres d'une merveilleuse sorte qui est une ceremonye
de joye et asseurance. Et lors qu'il fut arrivé
a la nef generalle ou estoient lesdits Taignoagny et
Domagaya parla ledit seigneur a eulx et eulx a luy
Et luy commancerent a compter ce qu'ilz avoient veu
en France et le bon traictement que leur avoit esté
faict de quoy fut ledit seigneur fort joyeulx et pria
le cappitaine de luy bailler ses bras pour les baiser
et accoller qui est leur mode de faire chere en la
terre. Et lors ledit cappitaine entra dedans la
barque dudit Agouhanna et commanda qu'on apportast
pain et vin pour faire boire et manger ledit seigneur
et sa bande ce qui fut faict de quoy furent fort
contens et pour lors ne fut autre present faict audit
seigneur attendant lieu et temps. Apres lesquelles
choses faictes se despartirent les ungs des

baiser les bras

aultres et prindrent congé et se retira ledit agouhanna a
ses barques pour s'en retourner et aller en son lieu. Et
pareillement ledit capp^ne fist apprester noz barques pour
passer oultre et aller amont ledit fleuve avec le flo
pour cercher hable et lieu de saulveté pour mettre les
navires et fusmes oultre ledit fleuve environ dix lieues
costoyant ladite ysle et au bout d'icelle trouvasmes
ung affourcq d'eaues fort beau et plaisant auquel lieu
y a une petite riviere et hable de barre marinant de
deux a troys brasses que trouvasmes lieu a nous
propice pour mettre nosditz navires a saulveté. Nous
saincte Croix — nommasmes ledit lieu saincte croix pour ce que led. jour
y arrivasmes. Auprès d'icelluy lieu y a ung
peuple dont est seigneur ledit Donnacona et y
Stadacone. — est sa demourance lequel se nomme Stadacone qui est
aussi bonne terre qu'il soit possible de veoir et bien
fructiffiante plaine de moult beaulx arbres de la
nature et sorte de france comme chesnes
hormes fresnes noyers prunyers yfz seddrez vignes
aubespines qui portent fruict aussi groz que prunes
de damas et aultres arbres soubz lesquelz croist
d'aussi bon chanvre que celluy de france lequel
chanvre sauvage. — vient sans semence ne labour. Apres avoir
visité ledit lieu et trouvé estre convenable

Le dict Cappne et gens entrez dedans les
barques pour retourner aux navires et ainsi que partismes
vers ladicte riviere trouvasmes au devant de nous ung
des seigneurs dudict peuple de Stadacone accompaigne de
plusieurs gens tant hommes que femmes lequel seigneur
commancea a faire ung preschement a la facon et
modde du pays qui est de joye et asseurance et
les femmes dansoyent et chantoyent sans cesser a-
en leaue jusques aux genoulz Le cappne
voyant leur bonne amour et bon vouloir fist approcher la b-
arcque ou il estoit et leur donna des cousteaulx et patenostres de voirre Lesquelz menoient une merveilleuse
joye de sorte que nous estans departiz davecq
eulx distant dune lieue ou environ les oyons
chanter dancer et mener feste de nostre venue.

Comme le Cappne retourna aux
navires et alla veoir lisle sa grandeur
et nature dicelle et comme il fist
mener ses navires a la riviere
saincte croix.

Apres que nous fumes arrivez avecq nos
les barques audictz navires et Retournez dela Rivi
saincte croix le Capp^ne Commanda aprester lesd.
barques pour aller a terre a lad. ysle pour veoir
les arbres qui sembloient a veoir fort beaulx et la
nature dela terre dicelle ce qui fut faict. Et
estans a lad. ysle la trouvasmes plaine de fort
beaulx arbres Comme chaisnes ormes pins cedres
et aultres boys dela sorte des nostres et pareillement
y trouvasmes force vignes ce que navions veu par cy
devant a toute la terre. Et pource la nommasmes
lysle de bacus. Icelle ysle tient de longueur
environ douze lieues et est moult belle terre et
unye plaine de boys sans aucun labouraige
fors quil y a petites maisons ou ilz font pescherie
Comme par cy devant est faict mention.

Le lendemain partismes avecq nosd. navires pour
les mener audict lieu de saincte croix et y
arrivasmes le lendemain prem. dud. moys et
vindrent audevant de nous ledict Donnacona.

Taignoagny et Domagaya avecq vingt cinq barques
chargez de gens lesquelz venoient du lieu dont estions
partiz et alloient audict Stadaconé où est leur demourance
vindrent tous à noz navires faisant plusieurs signes
de joye fors les deux hommes que avions apportez
savoir Taignoagny et Domagaya lesquelz esto-
estoient tous changez de propoz et de couraige et ne
voulurent entrer dedans nosdictz navires non obstant
qu'ilz en feussent plusieurs foys priez dequoy eusmes
aucune deffiance. Le cappitaine leur demanda
s'ilz vouloient aller comme ilz luy avoient promys avecq
luy à Hochelaga. Ilz respondirent que oy et qu'ilz
estoient deliberez y aller. Et alors chacun se
retira.

Hochelaga.

+

Et le lendemain quinziesme dudict moys le
cappitaine accompaigné de plusieurs de ses gens fut
à terre pour faire planter balises et merches
pour plus seurement mectre les navires à saulveté
auquel lieu trouvasmes et se rendirent
audevant de nous grand nombre des gens du
pays et entre aultres ledict Donnacona noz

deulx hommes et femmes dansans. Lesquelz se tindrent
assis soubz une pointe de terre qui est sur le bort
dudict fleuve sans que aucun deulx vint envyron nous
comme les aultres qui chantoient et dansoient faisoient
Et apres que ledict cappitaine fut adverty quilz y estoient
commanda a partie de ses gens aller avecques luy
et furent vers eulx soubz ladicte pointe et trouverent
ledict donnacona taignoagny dom agaya et aultres
Et apres se estre entreparlez commenca ledict
taignoagny de parler et dist audict cappitaine que ledict
seigneur donnacona estoit marry dont ledict cappitaine
et ses gens portoient tant de bastons de guerre pource
que deulx nulz nen portoient nulz. A quoy respondit
le cappitaine que pour ce marrissement ne lairroit a
les porter et que cestoit la coustume de france
et quil le scavoit bien mais pour toutes ses parolles
ne laisserent ledict cappitaine et donnacona a faire
grand chere ensemble. Et lors apersumes que tout ce
que disoit ledict taignoagny ne venoit que de luy et
son compaignon car avant departir dillec
firent une asseurance ledict cappitaine et seigneur de
sorte merveilleuse car tout le peuple dudict
donnacona ensemblement getterent et firent troys

riz a plaine voye que cestoit chose orrible a oyr
et estant prindrent congie les ungs des aultres
Et nous retirasmes a bort pour celluy jour.

Le lendemain xixme jour dudit moys nous mismes
noz deux plus grans navires dedans ledit hable
et riviere ou il y a de plaine mer troys brasses et
de bas deaue demye brasse et fut laisse le
gallion dedans la radde pour mener a hochelaga
Et tout incontinent que lesdits navires furent audit
hable et assechez se trouverent devant lesdits navires
lesdits donnacona taignoagny et domagaya avecques
plus de vc personnes tant hommes femmes que
enffans Et entra ledit seigneur avecques dix ou
douze aultres des plus grans personnaiges lesquelz
furent par le capp^ne et aultres festoyez et
receuz selon leur estat et leur fut donne aucuns
petitz presens Et fut par taignoagny dict audit
capp^ne que ledit seigneur estoit marry dont il
alloit a hochelaga et que ledit seigneur ne vouloit
point que celluy qui parloit allast avecques luy comme
il avoit promys pource que la riviere ne valloit riens

A quoy fut respondu par ledict capp[itai]ne que pour tout ce
ne laisseroit y aller sil luy estoit possible pour ce
quil avoit commandement du Roy son maistre
daller au plus avant quil luy seroit possible mays
si ledict Taignoagny y vouloit aller comme il avoit
promys que on luy feroit present dequoy il seroit
content et grand chere et quilz ne feroient seullement
que aller veoir Hochelaga puis retourner A quoy
respondict led. Taignoagny quil ny yroit point Lors
se retirerent a leurs maisons.

Et le landemain xvii^e dud. moys led. Domagaya
et les autres revindrent comme davant et apporterent
force anguilles et autres poissons dequoy il se
faict grand pescherie aud. fleuve comme sera cy
apres dict Et lors quilz furent arrivez
davant noz navires commencerent a dancer
et chanter comme ilz avoient de coustume Et
apres quilz eurent ce faict fist led. Domagaya
mectre tous ses gens dun costé et fist ung

Ceont sus le sablon et y fist mectre ledict capp^ne et
ses gens puys commanca une grande harangue ten[ant]
une fille denviron de laage de dix ans en lune
de ses mains puis la vint presenter audict capp^ne
Et lors tous les gens dudict seigneur se prindrent
a faire troys cris en signe de joye et alliance.
Puys de rechef presenta deulx petitz garsons de
moindre aage lun apres lautre desquelz firent
telz cris et cerimonyes que davant. Duquel present
fut ledict seigneur par ledict capp^ne remercye.
Et lors Taignoagny dist audict capp^ne que la fille
estoit la propre fille de la seur dudict seigneur et
lun des garsons frere de celuy qui parloyt. Et que
on les luy donnoyt sur lintention quil ne
allast point a Hochelaga. Lequel cappitaine
respondit que si on les luy avoit donnez sur
ceste intention que on les reprint et que pour
riens ne laisseroit a aller audict
Hochelaga par ce quil avoit commandement de ce faire.
Sur lesquelles parolles Dom agaya
compaignon dudict Taignoagny dist audict capp^ne que
ledict s^r luy avoit donne lesdictz enffans par bonne
amour et en signe dasseurance et quil estoit

Contint de aller dimeq ledict capp^ne a hochelaga
de quoy furent grosses parolles faictz taignoagny et
dom agaya dont assemblés que ledict taignoagny ne
valloit rien et qu'il ne songeoit que trahison tant de
que aultres maulvays tours que luy avoyent veu faire
Et sur ce ledict capp^ne fist mettre lesdictz enffans
dedans les navires Et fut apporter deux espees ung
grand bassin d'arain plain d'ung ouvre a laver mains
et en fist present audict donnacona qui fort s'en glorifia
et remercia ledict capp^ne et commanda a tous ses gens
chanter et danser Et pria ledict capp^ne faire tirer
une piece d'artillerie pource que taignoagny et dom
agaya luy en avoient fait feste et aussi que jamais
n'en avoyent veu ny ouy Lequel capp^ne respond
qu'il en estoit content Et commanda tirer une
douzaine de barges avecques leurs boulletz le
travers du boys qui estoit joignant lesdictz navires
et gens de quoy furent tous si estonnez qu'ilz
pansoyent que le ciel fust cheu sur eulx et
se prindrent a hucher et hurler si tresfort qu'il
paroissoit que enffer y fust vuydé Et
paravant qu'ilz se retirassent ledict taignoagny

fut dict par lesdictz hommes que les compaignons
du gallion lesquelz estoient en la radde avoyent
tiré deulx de leurs gros coups dartillerye dont
se esbahyrent tous et a grand haste qu'il sembloyt que
les voulsissent tuer. Ce que ne se trouva verité.
Car devant leur temps ne fut ledict gallion
tyré artillerye. f.

Comment lesdictz Dommaya, taignoagny
et aultres songerent une finesse et firent
habiller troys hommes en guise de dyables
faignans estre venuz de Cudouagny
leur dieu pour nous empescher daller
a Hochelaga.

Le lendemain dixhuictiesme dudict
moys pour nous cuyder tousjours empescher /

dallez a hochelaga forgerent vne grande finesse qui
fut telle. Ilz firent habiller troys hommes en la
facon de troys diables lesquelz estoient vestuz de
chiens noirs et blancs et avoyent cornes aussi longues
que le bras et estoient painctz par le visaige de
noir comme charbon. Et les firent mectre dedans
vne de leurs barques a nostre non sceu. Puys
vindrent avec leur bande comme avoyent de coustume
aupres de noz navires et se tindrent dedans le
boys sans apparoistre environ deux heures attendant
que lheure et maree fust venue pour larrivee de
ladicte barque a laquelle heure sortirent tous et se
presenterent devant nosdictz navires sans eulx approch[er]
ainsi quilz souloient faire. Et commenca taignoagny
a saluer le cappitaine lequel luy demanda sil vouloyt
avoir le batteau a quoy luy respondit ledict taignoagny
que non pour lheure mais que tantost il entreroit
dedans lesdictz navires. Et incontinent arriva
ladicte barque ou estoient lesdictz troys hommes
apparessant estre troys diables ayans de grandes
cornes sur leurs testes et faisoit celluy du
millieu en venant vng merveilleux sermon et
passerent le long de noz navires avec leurd[icte]

barque sont arrivement tournez leur voie vers noz navires et
allerent asseoir et donner en terre aupres d'icelles barques.
et tout incontinent ledict Domagaya et ses gens
prindrent ladicte barque et lesd. troys hommes lesquelz
se laisserent cheoir au fons d'icelle comme gens
mortz et porterent le tout ensemble dedans le boys
qui estoit distant desdictz navires d'un gect de pierre
et ne demoura une seulle personne que tous ne se
retirassent dedans led. boys Et eulx estans
retirez commancerent une predication et preschement
que nous oyons de noz navires qui dura environ
demye heure Apres laquelle sortirent lesdictz
Taignoagny et Domagaya dud. boys marchant vers
nous ayant les mains joinctes et leurs chappeaulx
soubz leurs coddes faisant une grande admyracion
Et commança led. Taignoagny a dire et proferer par
troys foys Jesus Jesus Jhs levant les yeulx
vers le ciel Puis Domagaya commança a dire
Jhs Maria Jacques Cartier regardant le ciel
comme l'aultre Et le cappne voyant leurs
mines et cerymonies leur commança a demander
qu'il y avoit et que c'estoit qui estoit survenu

Cudouagny.

de nommain lesquelz respondirent qu'il y avoit de
pietres nouvelles en disant Nany esta bon et
le capp^ne leur demanda de rechef que c'estoit et
ilz luy dirent que leur dict nommé Cudouagny
avoit parlé a Hochelaga et que les troys hommes
davantdictz estoient venuz de par luy leur annoncer les
nouvelles et qu'il y avoit tant de glasses et
neiges qu'ilz mourroient tous. Desquelles parolles
nous prinsmes tous a rire et leur dire que
Cudouagny n'estoit que ung sot et qu'il ne savoit
qu'il disoit et qu'ilz le dissent a ses messagiers
et que Jesus les garderoit bien de froit s'ilz luy vouloient
croyre. Et lors led. Taignoagny et son compaignon
demanderent aud. capp^ne s'il avoit parlé a Jesus et il
respondit que ses pbres y avoient parlé et qu'il feroit
beau temps. Desquoy remercierent fort led. capp^ne
et s'en retournerent dedans le boys dire les
nouvelles aux aultres lesquelz sortirent dud. boys
tout incontinent faignans estre joyeulx desd. parolles.
Et pour monstrer qu'ilz en estoient joyeulx tout
incontinent qu'ilz furent davant les navires s'escrierent
d'une commune voix a faire troys cris et hurlemens

qui est leur signe de joie et se prindrent a dancer et
chanter comme avoient de coustume. mays lesd[its] [illegible]
seigneurs taignoagny et domagaya dirent aud[it] capp[itai]ne
que ledict donnacona ne vouloit point que
nul deulx allast a hochelaga avecques luy sil ne
bailloit plaige qui demourast a terre avecq ledict
donnacona. A quoy leur fut respondu par le capp[itai]ne
que silz ne vouloient de bon couraige y aller de bon couraige
quilz demourassent et que pour eulx ne laisseroit
mettre paine dy aller.

Comment le capp[itai]ne et tous les gentilz hommes
avecq cinquante mariniers partirent de la
province de Canada avecq le gallion
et les deux barques pour aller a
Hochelaga. Et de ce qui fut veu entre deulx
sur ledict fleuve.

Le landemain dixneufiesme jour dudit mois
de septembre comme dict est nous appareillasmes
et fismes voille avecq le gallion et les deux
barques pour aller avecq la maree amont ledit
fleuve. Où trouvasmes davant nous de costé
d'icelluy les plus belles et meilleures terres qu'il
soit possible de veoir aussi unyes que l'eaue, plaines
Vignes & roisins. des beaulx arbres du monde, et tant de vignes
chargees de raisins le long dudit fleuve, qu'il semble
mieulx qu'elles y ayent esté plantees de main d'homme
que aultrement. Mais pour ce qu'elles ne sont cultivees
ny taillees ne sont lesdits raisins si doulx ne
si gros comme les nostres. Pareillement nous trouvasmes
grand nombre de maisons sur la rive dudit fleuve,
lesquelles sont habitees de gens qui font grande
pescherie de tous bons poissons selon les saisons.
Et venoyent à noz navires en aussi grand amour et
privaulté que si eussions esté du pays, nous
apportant force poisson et de ce qu'ilz avoyent
pour avoir de noz marchandises, tendans les mains

Achelacy

au riel et faict plusieurs serimonies et signes de
joie et nous estans pres environ vingt cinq lieues de
Canada a ung lieu nommé Achelacy qui est ung
destroict dud. fleuve fort courant et dangereux, tant
de pierres que aultres choses. Y vindrent plusieurs
barques a bort et entre aultres vint ung grand
seigneur du pays lequel fist ung grant sermon en
venant et arryvant abort monstrant par signes evidans
avecques les mains et aultres serimonyes que led. fleuve
estoit ung peu plus amont fort dangereux nous
admonestant de nous en donner garde. Et presenta
celluy seigneur au cappitaine deux de ses enffans a don
lequel print une fille de l'aage d'environ huict a
neuf ans et reffusa ung petit garson de deux
ou troys ans pour ce qu'il estoit trop petit. Led.
cappitaine festoya led. seigneur et sa bande de ce qu'il
povoit et luy donna aucun petit present dequel remercia
led. seigneur le cappitaine puis s'en allerent a terre. Et
depuis sont venuz celluy seigneur et sa femme veoir
leur fille jusques a Canada et apporter aucun petit
present au cappitaine.

Depuys ledict dixneufme jour jusques au xxviii
dudict moys nous avons esté navigans amont ledict fleuve
sans perdre heure ny jour durant lequel temps
avons veu et trouvé aussi beau pays et terres
aussi unyes que l'on sauroit desirer plaines des
beaulx arbres du monde savoir chaisnes hommes
noyers pins seddrez pruchez fraisnez boulz saulles
Vignes. oziers et force vignes qui est le meilleur lesquelles
avoyent si grande abondance de raisins que les
compaignons en venoyent tous chargez a bort. Il
y a pareillement force grues cignes oultardes
oyseaux. oayes cannes allouettes faisans perdrix
merles mauviz tourtres chardonneretz serins linottes
rossignolz et aultres oyseaulx comme en france et
en grand habondance.

Ledict xxviiie jour de septembre nous arrivasmes
a ung grand lac et plaine dudict fleuve large de envyron v ou six lieues et douze de long Et navigasmes
celluy jour amont ledict lac sans trouver par tout

icelluy que deux brasses de parfond esgallement
sans hausser ny baisser Et nous avoient a luy des
bondz dud. lac ne nous apparessoit aucun passage
ny sortie ains nous sembloit icelluy estre tout clos
sans aucune riviere et ne trouvasmes aud. bout que
brasse et demye Dont nous convint poser et mettre
l'ancre hors et aller chercher passage avecq
nos barques Et trouvasmes qu'il y a quatre ou
cinq rivieres toutes sortantes dud. fleuve en icelluy
lac et venantes dud. Hochelaga mays en icelles ainsi
sortantes y a barres et traverses faictes par le cours de
l'eaue ou il ne y avoit pour lors que une brasse de
parfond Et lesd. barres passees y a quatre et
cinq brasses qui estoit le temps des plus
petites eaues de l'an ainsi que vismes par les flotz
desd. eaues qu'elles croissent de plus de deux
brasses de pic.

Toutes icelles rivieres circuissent et environnent
cinq ou six belles ysles qui font le bout dicelluy
lac puis se rassemblent environ quinze lieues amont
toutes en une. Cellui jour fusmes a l'une dicelles.

ou trouvasmes cinq hommes qui prenoient des bestes
sauvaiges lesquelz venoient aussi privement a noz
barques que silz eussent veu toute leur vie
sans avoir paour ny craincte. Et nosdictes barques
arrivez a terre l'un desdictz hommes print led
cappitaine entre ses bras et le porta a terre aussi
aise que ung enffant de six ans tant
estoit icelluy homme fort et grand. Nous
leur trouvasmes ung grand monceau de ratz
sauvaiges qui vivent en leaue et sont gros comme
connyns et bons a merveilles a menger desquelz
firent present audit cappitaine qui leur donna
des cousteaulx et patenostres pour recompance.
Nous leur demandasmes par signes se
c'estoit le chemyn de Hochelaga. Et
ilz nous monstrerent que ouy et quil y
avoit encores troys journees a y aller.

Comment le cappne fist acoustrer les barques pour aller a hochelaga et laisser le gallion pour la difficulte du passaige. Et comment nous arrivasmes audit hochelaga et le racueil que le peuple fist a nre arrivee.

Le lendemain nre cappne voyant quil nestoit possible de pouoir pour lors passer led gallion fist avitailler et acoustrer lesd barques et mectre victuailles pour le plus de temps que fut possible et que lesd barques en pouvoient arrimer. Et se partit avecq elles acompaigne de partie des gentilz hommes savoir de Claude du pontbriand eschanson de monseigneur le daulphin Charles de la pommeraye Jehan gouyon et Jehan ... mariniers y comprins mace Jalobert et guille le breton ayans la charge soubz ledit cappne des

Deux autres mariniers pour aller amont ledit fleuve
au plus loing que nous seroit possible Et naviguasmes
de temps a gre jusques au deuxiesme jour doctobre
que nous arrivasmes a Hochelaga qui est distant
du lieu ou estoit demoure le gallion de environ
quarante cinq lieues durant icelluy temps et
chemin faisant trouvasmes plusieurs gens du pays
qui nous apportoient du poisson et autres victuailles
dansant et menant grand joye de nostre venue
et pour les attirer et tenir en amytie avecq nous
leur donnoit led cappitaine pour recompense
des cousteaulx patenostres et autres menues hardes
de quoy se contentoient fort Et nous arrivez
audit Hochelaga se assemblerent audevant de nous
plus de mil personnes tant hommes femmes
que enffans lesquelz nous firent aussi
bon recueil que jamais pere fist a enffant
menant une joye merveilleuse Car les hommes
en une bande dansoient et les femmes de
leur part et les enffans dautre Lesquelz nous
apporterent force poisson et de leur pain fait

Cm

de grez quil sceust Ilz getterent dedans lesdictes
barques en sorte quil sembloit quil tumbast de layre
voyant ce le cappne descendit a terre acompaigne de
plusrs de ses gens et si tost quil fut descendu se
assemblerent tous sus luy et sus les aultres en faisant
une chere inestimable et apporterent les femmes leurs
enffans a brassees pour les faire toucher audict
cappne et es aultres qui estoient en sa compaignye en
faisant une feste qui dura plus de demye heure et
voyant ledict cappne leur largesse et bon vouloir
feit asseoir et ranger toutes les femmes et leur donna
certaines patenostres destaing et aultres menues
besongnes et a partie des hommes des cousteaulx et
[illegible] a bort desdictes barques pour souppes et
passer la nuict durant laquelle demoura
ledict peuple sus le bort dudict fleuve au plus
pres desdictes barques faisant toute nuict plusrs
feuz et dansses en disant a toutes heures agnyase
qui est leur dire de salut et joye et

Comment le cappitaine et les gentilz hommes avecques vingt cinq mariniers bien armez et en bonne ordre allerent a la ville de hochelaga Et de la situacion dudict lieu

Le landemain au plus matin le cappitaine se acoustra et fist mectre ses gens en ordre pour aller veoyr la ville et demourance dudict peuple et une montaigne qui est jacente a ladicte ville ou allerent avecques ledict cappitaine les gentilz hommes et vingt mariniers et laissa le parsus pour la garde des barques et print troys hommes de ladicte ville de hochelaga pour les mener et conduyre audict lieu. Et nous estans en chemin le trouvasmes aussi battu qu'il soit possible de veoyr et la plus belle terre et meilleure plaine de chesnes aussi

beaulx qu'il y ait en royaulme de france soubz lesquelz
estoit toute la terre couverte de glan Et croys
avons environ lieue et demye cheminasmes sus
le chemin l'un des principaulx seigneurs de lad
ville de Hochelaga avecq plusieurs personnes lequel
nous fist signe qu'il se failloit reposer aud
lieu pres ung feu qu'ilz ~~avoit~~ avoient faict
audit chemin Et lors commancea ledit seigneur
a faire ung sermon et preschement comme cy davant
est dict estre leur coustume de faire joye et
congnoissance en faisant recueil seigneur chere
aud capp.ne et sa compaignie lequel capp.ne luy
donna une couple de hachos et une couple
de cousteaulx avecq une croix et remembrance de
crucifix qu'il luy fist baiser et la luy pendit
au col Dequoy rendit graces aud capp.ne Ce
faict marchames plus oultre et environ demye
lieue dela commancasmes a trouver les terres
labourees et belles grandes champaignes
plaines de bledz de leur terre qui est

comme mil de bresil aussi groz ou plus
que poys duquel vivent ainsi que nous faison[s]
de froment Et au parmy dicelles champaign[es]
est situee et assise lad ville de hochelaga
pres et joignant une montaigne qui est alento[ur]
dicelle labouree et fort fertille de dessus
laquelle on voyt fort loing Nous nommasmes
icelle montaigne le mont Royal. Lad
ville est toute ronde et close de boys a troys
rancqz en facon dune piramyde croisee par le
hault ayant la rangee du parmy en facon
de ligne perpendiculaire puys rangee de boys
couchez de long bien joinctz et cousuz a leur
mode et est de la haulteur denviron deux
lances Et ny a en icelle ville que une porte
et entree qui ferme a barres sur laquelle
et en plusieurs endroictz de lad closture
y a manieres de galleries et eschelles a
y monter lesquelles sont garnies de
rochiers et cailloux pour la garde et deffen[ce]

Dicelle · se · ya · dedans icelle ville environ Cinqu
maisons longues de environ Cinquante pas
ou · plus chune et douze ou quinze pas de large
toutes faictes de boys couvertes et garnyes de
grandes escorces et pelleures dud boys aussi
larges que tables bien cousues artifficiellement
selon leur mode · Et par dedans icelles ya plusieurs
aistres et chambres Et au meilleu dicelles maison
ya une grande salle par terre ou font leur feu
et vivent en communaulte puis se retirent en leurs
chambres les hommes avecq leurs femmes et enffans
Et pareillement ont greniers au hault de
leurs maisons ou mettent leur bled duquel
carraconny · ilz font leur pain quilz appellent carraconny
et le font en la maniere cy apres ilz ont
des pilles de boys Comme a piller chanvre · et
battent avecques [illegible] de boys ledit ble
en pouldre · puis lamassent en paste et
en font des tourteaulx qui mettent sur une

pierre chaulde puis le couvrent de cailloux
chauldz et ainsi cuisent leur pain en lieu de
four. Ilz font pareillement force potages
dudit bled et de febves et poix desquelz ilz ont
assez et aussi de grosses concombres et
autres fruictz. Ilz ont aussi de grandz vaisseaux
comme tonnes en leurs maisons ou ilz mettent
leur poisson savoir anguilles et autres qui
seichent a la fumee durant l'este et en
vivent l'yver et de ce font ung grand amas
comme avons veu par experience. Tout leur
vivre est sans aucun goust de sel et couchent
sur escorces de boys estendues sur la
terre avec meschantes couvertures de peaulx
desquelz font leurs vestemens savoir
loutres bievres martres regnardz chatz
sauvages dains cerfz et autres sauvagines
mais la plus grand partie d'eulx sont quasi
tous nudz. La plus precieuse chose
qu'ilz ayent en ce monde est esnogny lequel

Du

est blanc comme neige et le parement aux
flammes en rouribotz en la maniere qui aussi
semont ung homme a desespoir mort en
quilz ont point aulcuns ennemys ala grande
feste le tenant puis lanceront par les fesses
et cuisses et par les jambes bras et espaulles
a grandes taillades. Puys et apres on est lieu
chascun avallent leur corps au fondz de leaue
et le laissent dix ou douze heures puys
le retirent a mort et tournent dedans leurs
taillades et fraizures leurs rouribotz
desquelz ilz font patenostres et dient quilz sont
comme nous faisons dor et dargent et le
tiennent la plus precieuse chose du monde
Il a la vertu destancher le sang des
mazelles ne nous savons experimente. Tant
ce dict peuple ne sçavoit que a labourage et
pescherie pour vivre. Car des biens de ce
monde ne font compte jaçoit quilz nen ont
congnoissance et quilz ne vivent de leur

pays et ne sont ambulatoires comme ceulx de
Canada et du Saguenay non obstant que lesdictz
Canadiens soient subiectz avec huyt ou
neuf aultres peuples qui sont sur ledict fleuve

Comment nous arrivasmes a ladicte ville
et de la reception qui nous y fut faicte
Et comment le cappitaine leur fist des
presens et aultres choses que ledict cappitaine
leur fist comme sera veu en ce chappitre

Ainsi comme fumes arrivez aupres dicelle
ville se trouverent audavant de nous grand
nombre des habitans dicelle lesquelz a
leur facon de faire nous firent bon racueil

Et par ceulx guydes et conducteurs fusmes menez
au meilleu d'icelle ville ou il y a une place
entre les maisons spacieuse d'un gect de pierre
en carré ou environ lesquelz nous firent signe
que nous arrestassions audict lieu ce que fismes
Et tout soubdain s'assemblerent toutes les femmes
et filles de ladicte ville dont l'une partie
estoient chargées d'enffans entre leurs braz
qui nous vindrent frotter le visaige braz et aultres
endroiz de dessus le corps ou ilz povoient
toucher plourant de joye de nous veoyr nous
faisant la meilleure chere qu'il leur estoit
possible en nous faisant signes qu'il nous
pleust toucher leursd. enffans Apres ces
choses faictes les hommes firent retirer les
femmes et se assirent sur la terre alentour
de nous comme si eussions voullu jouer
ung mistere Et tout incontinent revindrent
plusieurs femmes qui apporterent chascune une
natte carrée en facon de tapisserye et

Les estandirent sur la terre au meillieu de
ladicte place et nous firent mectre sur icelles
Apres lesquelles choses ainsi faictes fut
apporte par neuf ou dix hommes le Roy
et seigneur du pays quilz appellent en leur
Agohanna — langue agohanna lequel estoit assiz sur
une grande peau de cerf et le vindrent
poser dedans lad. place sur lesd. nattes
pres du capp^ne en faisant signe que cestoit
leur seigneur Celluy agouhanna estoit de
laage de environ cinquante ans et nestoit
point mieulx acoustre que les aultres fors quil
avoit alentour de sa teste une maniere
de lizere rouge pour sa couronne faicte de
poil dherissons Et estoit celluy seigneur tout
perclus et malade de ses membres Apres
quil eut faict son signe de salut audict capp
et a ses gens en leur faisant signes
evidans quilz fussent les bien venuz il
monstra ses braz et iambes audict capp^ne

le prenant les [illegible] touches comme sil luy eust
demande garison et sante Et lors le cappitaine
commanca a luy frotter les braz et jambes avecq
les mains Et print led agohanna la lizière
et couronne quil avoit sur sa teste et la donna
audict cappne Et tout incontinent furent amenez aud
cappne plusieurs malades comme aveugles [illegible]
boyteux impotens et gens si tresvieulx que
les paupieres des yeulx leur pendoient sur
les joues les seant et couchans pres led
cappne pour les toucher tellement quil
sembloit que dieu fust la descendu pour
les guerir

Ledict cappne voyant la pitie et foy de
cedict peuple dist levangille sainct Jehan
savoir linprincipio faisant le signe
de la croix sur les povres malades priant
dieu quil leur donnast congnoissance

de nostre saincte foy et de la passion de nostre
saulveur et grace de recepvoir chrestiente et baptesme.
Plus print ledit cappne unes heures et
leut haultement de mot a mot la
passion de nostre seigneur ce que tous les
assistans la peurent ouyr ou tout ce povre
peuple fist une grande silence et furent merveilleusement
bien entendibles regardant le ciel et faisant
pareilles cerimonyes quilz nous veoyent faire.
Apres laquelle fist ledit cappne renger
tous les hommes d'un couste les femmes
d'un aultre et les enffans d'aultre. Et
donna es principaulx et aultres des cousteaulx
et des hachotz et es femmes des patenostres
et aultres menues choses. Plus gecta parmy la
place entre lesdits enffans des petites
bagues et agnus dei d'estaing desquoy menerent
une merveilleuse joye. Ce faict le cappitaine
commanda sonner les trompettes et aultres
instrumens de musicque desquoy ledit
peuple fut fort resjouy. Apres lesquelles

choses nous pourmenasmes parmy icelle et nous retirasmes
voyant ce les femmes se myrent au davant
de nous pour nous arrester et nous apportoient
de leurs vivres lesquelz ilz nous avoyent
apprestez scavoir poissons potages febves
pain et aultres choses pour nous cuyder faire
repaistre et disner audict lieu. Et pource
que lesdz vivres nestoient a noz goust et
et quil ny avoyt goust de sel les remerciasmes
leur faisant signes que navyons nul besoing
de repaistre.

Apres que fumes sortis de lad. ville
fumes conduictz par plusieurs hommes et femmes
d'icelle sur la montaigne davant dicte
qui est par nous nommee mont Royal distant
dud. lieu d'ung quart de lieue. Et nous
estans sur lad. montaigne eusmes veue et
congnoissance de plus de trente lieues

a lenviron dicelle. Dont se y a vers le nort
une rangee de montaignes qui sont est et ouest
gisantes et autant devers le su. Entre lesquelles
montaignes est la terre la plus belle quil
soit possible de veoir labourable unye
et plaine. Et par le meilleu desd. terres
voyons led. fleuve oultre le lieu ou estoient
demourees noz barques ou se y a ung sault
deaue le plus impetueux quil soit possible
de veoir lequel ne nous fut possible de
passer et voyons icelluy fleuve tant que
lon povoit regarder grand large et spacieux
qui alloit au suroaist et passoit par aupres
de troys belles montaignes rondes que nous
voyons et estimyons quelles estoient a envyron
quinze lieues de nous. Et nous fut
dict et monstre par signes par les troys
hommes qui nous avoyent conduictz quil y avoit
troys ytieulx saultz deaue aud. fleuve come
celluy ou estoient noz barques mays nous

Le grand sault de la riviere de Canada

Ne pensasmes entendre quelle distance il y avoyt
entre l'un et l'aultre. Puis nous monstroient que lesd.
saultz passez l'on pouvoit naviguer plus de troys
lunes par led. fleuve. Et oultre nous monstroient
que le long desd. montaignes estant vers le nort
y a une grande riviere qui descend de l'occident
comme led. fleuve. Nous estimons que c'est la
riviere qui passe par le royaume et province
du Saguenay. Et sans que leur fissions
aucune demande et signe prindrent la
chaisne du sifflet du cappne qui est d'argent
et ung manche de poignard qui estoit de laton
jaulne comme or lequel estoit au costé de
l'un de noz mariniers et monstrerent que
cela venoit d'amont led. fleuve et qu'il
y avoit des agojudas qui est a dire mauvaises
gens qui estoient armez jusques sur les
doidz nous monstrant la facon de leurs
armures qui sont de cordes et boys lassez
et tissuz ensembles. Nous donnant a

avigation de trois
nes par la riviere de
anada au dessus
sault

goyuda

entendre que lesdictz agojuda menoyent la guerre
continuelle les ungs es aultres mays par deffault
de langue ne peusmes avoir congnoissance combien
il y avoit jusques audict pays. Ledict capp^ne
leur monstra du cuyvre rouge qu'ilz appellent
caignetdazé leur monstrant vers ledict lieu et
demandant par signe s'il venoyt dela et ilz
commancerent à secouer la teste disans
que non en monstrant qu'il venoyt du Saguenay
qui est au contraire du precedent. Apres
lesquelles choses ainsi veues et entendues nous
retirasmes à noz barques qui ne fut sans avoir
conduicte de grand nombre dudict peuple dont
partie d'iceulx quant veyrent noz gens las
les chargeoyent sur eulx comme sur chevaulx et
les portoyent. Et nous arrivez à nosd.
barques fismes voille pour retourner à noz
gallion pour doubte qu'il n'y eust aucun
encombrier. Lequel partement ne fut
sans grand regret dudict peuple. Car

Tant quilz nous perdirent de veue aval ledict fleuve. lesquelz nous suyvoient. Et tant feismes que nous arrivasmes a nostredict gallion le lundy quatriesme jour doctobre.

Le mardy cinquiesme jour dudict moys nous feismes voille et appareillasmes avec nostredict gallion et barques pour retourner a la province de Canada au port de saincte croix ou estoient demourez nosdictz navires. Et le septiesme nous vinsmes poser le travers dune riviere qui vient devers le nort sortant audict fleuve a lentree de laquelle y a quatre petites ysles et plaines darbres. Nous nommasmes icelle riviere la riviere de fouez. Et pource que lune desdites ysles savance audict fleuve et la voyt on de loing ledict cappne

fut plantée une belle croix sur la poincte d'icelle et commanda apporter les barques pour aller aux marées dedans ladicte riviere pour veoir
le fond et natures d'icelle. Et regardant
celluy fons amont ledict fleuve nommé [illegible]
quelle fut trouvée de [illegible] [illegible]
parfonde. Retournerent et appareillasmes pour aller
aval.

Comment nous retournasmes au dict hable
de saincte croix et l'estat comme nous
trouvasmes noz navires et comme
le seigneur du pays vint veoir le
cappitaine et comme ledict cappitaine l'alla
veoir et partye de leur coustume en
particullier.

Le lundy unziesme jour doctobre nous arrivasmes au hable de saincte croix ou estoient noz navires. Et trouvasmes que les maistres et mariniers qui estoient demourez avoient faict ung fort davant lesdictz navires tout clos de grosses pieces de boys plantees debout joignant les unes aux aultres et tout alentour garny dartillerie et bien en ordre pour se deffendre contre tout le pays. Et tout incontinant que le seigneur du pays fut adverty de nre venue vint le lendemain qr jour dudict moys accompaigne de taignoagny dom agaya et plusieurs aultres pour veoir ledict cappne et luy firent une merveilleuse feste faignant moult grand joye de sa venue. Lequel pareillement leur fist assez bon racueil toutesfoys quilz ne lavoyent pas desservy. Le seigneur donnacona pria ledict cappne de aller le lendemain veoir a canada ce que luy promist

ledict Capp^ne. Et le lendemain en
Dud moys ledict Capp^ne acompaigne des
gentilzhommes et de cinquante compaignons
bien en ordre allerent vers ledict Donnacona
et son peuple qui est distant du lieu
ou estoient noz navires de demye lieue
et se nomme leur demourance Stadacona.
Et nous avons audict lieu trouvé les
habitans audevant de nous loing de
leurs maisons d'un get de pierre ou
mieulx et la se rangeoint et assirent a
leur mode et facon de faire les hommes
d'ung et les femmes de l'aultre debout
chantans et dansans sans cesse. Et
apres qu'ilz s'entrefeirent saluz et faict
chere les ungs et aultres ledict Capp^ne
donna es hommes des cousteaux et aultres
choses de peu de valleur et fist passer
toutes les femmes et filles devant luy

et leur donna a chascun une bague destaing desquelz
Retournerent lesd rapporteurs qu'ilz furent par lesd Donnacona
et Taignoagny menez veoir leurs maisons lesquelles
estoient bien estorees de vivres selon leur sorte
pour passer leur yver. Et fut par lesd Donnacona
monstre ausd rapporteurs les peaulx de cinq testes
d'hommes estendues sus des boys comme peau de
parchemin. Et nous dist que c'estoient des Toudamans
de devers le su qui leur menoyent continuellement
la guerre. Oultre nous fut dict qu'il y a deux
ans passez que lesditz Toudamans les
vindrent assaillir jusques dedans ledit fleuve
a une ysle qui est le travers du Saguenay
ou ilz estoient a passer la nuyt tendans aller
a Hongnedo leur mener guerre avecques environ
deux cens personnes tant hommes femmes
que enffans lesquelz furent surprins en
dormant dedans ung fort qu'ilz avoyent
faict ou mysrent lesditz Toudamans le
feu tout alentour. Et comme ilz sortoient
les tuerent tous, fors cinq qui eschapperent.

De laquelle destruction se plaignoient encores
fort nous monstrant quilz en auroient vengeance
Les choses lesquelles veues nous
retraismes en noz navires/

De la facon de vivre du pey de ladicte terre. Et de leurs coustumes conditions creance et facon de faire quilz ont.

Ledict peuple na aucune creance de
dieu qui vaille. Car ilz croyent en ung quilz
appellent Cudouagny et disent quil parle

souvent a eulx et leur dict le temps quil doict
faire . ilz disent que quant se courrouce
a eulx que leur gecte dela terre aux yeulx
Ilz croient aussi . quant ilz trespassent quilz
vont es estoilles puys vont baissant
en lorizon comme lesd estoilles puys vont
en beaulx champs vers plains de beaulx arbres
fleurs et fruictz sumptueulx . Apres quilz
nous eurent donne ces choses a entendre Nous
leur avons remonstre leur erreur Et que
leur Cudouagny est ung mauvais esperit qui les
abuse et que nest qun dieu qui est au ciel
lequel nous donne tout et est createur de
toutes choses et que en icelluy devons croyre
seullement et que fault estre baptizes ou
aller en enffer . Et leur fut remonstre
plusieurs aultres choses de nostre foy ce que
facillement ilz ont creu et appelle leur Cudouagny
agojuda . Tellement que plusieurs foys ont prye
le cappitaine les faire baptizer Et y sont

venu ledict seigneur, Taignoagny, Domagaya
avecq tout le peuple de leur ville pour le
rendre estre, mays parce que ne sçavions leur
intention et courage et qu'il n'y avoyt qui leur
remonstrast la foy pour lors fut prins
excuse vers eulx et dict à Taignoagny et
Domagaya qu'ilz leur feissent entendre que
nous retournerions ung aultre voyage et
apporterions des prebtres et du cresme leur
donnant à entendre pour excuse que l'on ne
peult baptizer sans ledict cresme. Ce qu'ilz
creurent parce que plusieurs enfans ont veu
baptizer en Bretaigne. Et de la promesse
que leur fist le cappitaine de retourner furent
fort joyeulx et le remercierent. Cedict
peuple vyt quasi en communaulté de biens assez
de la sorte des Bresilans. Et sont tous
vestuz de peaulx de bestes sauvaiges et assez
pouvrement. L'yver ilz sont chaussez de chaus

et prenent et leste vont despouillez . ilz gardent
lordre de mariage fors que les hommes prennent
deux ou troys femmes. Et despuis que leur
mary est mort jamays les femmes ne se
remarient dans font le deul de leurs
mort toute leur vie. et se taignent le visage
de charbon pillé et de gresse appellé comme
lesperssane dun coustau et a nea congnoist
en quelles sont vefues. Ilz ont une aultre
coustume fort mauvaise de leurs filles Car
despuis quelles sont daage dalles a lhomme elles
sont toutes mises en une mayson de bordeau
habandonnees, a tout le monde qui en veult
jusques adce quelles ayent trouvé leur party
et tout ce avons veu & esprouvé nous mesmes
avons veu les maysons aussy pleines depuis
filles comme est une grosse de garsons en
France. Et davantage le hazart pleins
leur modde tout ces maysons ou ilz prennent

font et quilz ont iusques a la congnoissance de la
nature ilz ne sont point de grand travail
et labourent leurs terres avecques petitz boys
de la grandeur dune demye espee ou ilz font le
bled quilz appellent Ozisy lequel est
groz comme poys et de ce mesme bled en croist
assez au bresil Pareillement ilz ont assez
de groz melons et concombres courges po
et febves de toutes couleurs non de la sorte de
nostres ilz ont aussi une herbe dequoy il
font grand amas durant leste pour lhyver
laquelle ilz estiment fort et en usent les
hommes seullement en la facon qui ensuyt
ilz la font secher au soleil et la porte
a leur col en une petite peau de beste
au lieu de sac avecques ung cornet de pier
ou de boys Puis a toute heure font
pouldre de ladicte herbe et la mettent a
lun des boutz dudict cornet puis mett
ung charbon de feu dessus et souffle

succent par laultre bout tant quilz semplent le
corps de fumee tellement quelle leur sort par la
bouche et par les nazilles comme par ung tuyau de
cheminee Et disent que cela les tient saines
et chauldement et ne vont jamays sans avoyr lesdites
choses Nous avons experimente ladite fumee
apres laquelle avoyr mys dedans noz bouches
semble y avoir dela poudre de poyvre tant
est chaulde Les femmes dudit pays travaillent
sans comparaison plus que les hommes tant ala
pescherie dequoy font grand faict que au
labour et aultres choses Et sont tant hommes
femmes que enffans plus durs que bestes au
froict Car dela plus grand froidure que
ayons veu laquelle estoit merveilleuse et aspre
venoyent pardessus les glaces et neiges tous les
jours a noz navires la plus part deulx quasi
tous nudz qui est chose incroyable qui ne le voyt
Ilz prenent durant lesdites glaces et neiges
grand quantite de bestes sauvages comme

dyrs beoffz et oyes desquelz nous apportont
mays bien peu pource qu'ilz sont villains de len
vres Ilz mangent leurs chars toute crue
dapres avoir este sechee a la fumee et pareille
leur poisson. Dadre que nous avons congneu
et peu entendre de ced peuple il me semble
que seroit aise a dompter en telle facon et
maniere que l'on vouldroit. Dieu par sa
saincte misericorde y vueille mettre son regard
Amen

Comme ledict peuple de [illegible]
nous apportoient du poisson et de
qu'ilz avoyent a noz navires Et com
l'admonestement de Taignoagny et [illegible]
agaya ledict peuple se retira de [illegible]
navires et comme se y sont envoys descovert
entre nous et eulx.

E.i

Et despuis de jour en aultre venoit ledit peuple
a noz navires et apportoient force anguilles et aultres
poissons pour avoir de noz marchandises desquelz
leur estoit baille cousteaulx alesnes patenostres
et aultres menues choses dont se contentoyent fort
mays nous apersumes que les deux meschans qui
avions apportez leur disoient et donnoient
a entendre que ce que nous leur baillons ne
valloit rien et qu'ilz avoyent aussi tost des
hachotz comme des cousteaulx pour ce qu'ilz
nous bailloyent non obstant que le capp^ne
leur eust faict beaucoup de presens et si
ne cessoyent a toutes heures de demander aud.
capp^ne lequel fut adverty par ung seigneur
de la ville de hagouchonda quil se donnast
garde de domacona et desdictz deux meschans
Agouida — et quilz estoient agohuda qui est a dire traistres
et aussi en fut adverty par aulcuns dudict
Canada et aussi que nous apersumes de leur
malice par ce quilz vouloient destourner les
troys enffans que ledict domacona avoyt

Donnez audict capp[itai]ne et de faict furent fors la
part grande des filles du navire depuis lesquelles
aussi furent chez le capp[itai]ne prendre garde
autres. Et par ladvertissement desditz
Taignoagny et Domagaya se abstindrent et
deppartirent de venir avecques nous quelque
cinq jours fors aucuns qui venoyent
en grand peur et crainte.

Comment le capp[itai]ne doubtant quilz ne
ymaginassent aucune trahison fist renforcer le fort. Et comment ilz vindrent
parlementer avecques luy et la
reddicion dune fille qui sen estoit
fuye. Chappre

Voyant la malice d'eulx doubtant qu'ilz ne
songeassent aucune trahyson et venir avecques ung
amast de gens sur nous le cappne fist
renforcer le fort tout alentour de gros fossez
larges et parfondz avecq porte a pont levys et
renffort de pans de boys au travers des
premiers. Et fut ordonne pour le guet de la
nuict pour le temps advenir cinquante hommes
a quatre quars et a chascun changement desd.
quars les trompettes sonnantes. ce qui fut
faict selon ladicte ordonnance. Et lesdictz
Donnacona Taignoagny et Domagaya estans
advertiz dudict renffort et de la bonne
garde et guet que on faysoit furent courroucez
d'estre en la male grace du cappne. Et
envoyoient par plusieurs foys de leurs gens
faignant qu'ilz fussent d'ailleurs pour veoyr
si on leur feroit desplaisir, desquelz
on ne tint compte, et n'y fut faict ny
monstre aucun semblant. Et y vindrent

lesdictz Donnacona taignoagny Dom agaya et aultres
plusieurs foys parlle audict capp(itai)ne une fois
interrogeante, demandant audict capp(itai)ne s'il estoit content
et pourquoy il ne voulloit aller a Canada les veoyr. Et
ledict capp(itai)ne leur respondit qu'ilz n'estoient que
traistres et meschans ainsi que on luy avoit rapporté
et aussi que l'avoyt apparu en plusieurs sortes comme
de n'avoir tenu promesse de aller a Hochelaga
et de avoir retiré la fille que on luy avoit
donnée et aultres maulvais tours qu'il avoit veuz
mais pour tout ce que s'ilz voulloient estre
gens de bien et oblier leurs malles voullentez
qu'il leur pardonnoit et qu'ilz vinssent seurement
a bort faire bonne chere comme paravant
desquelles parolles remercierent ledict capp(itai)ne
et luy promirent qu'ilz luy rendroient la
fille qui s'en estoit fuye dedans troys jours
Et le quatriesme jour de novembre
Dom agaya acompaigné de six aultres hommes
vindrent a noz navires pour dire audict capp(itai)ne

Dire de seigneur Donnacone estoit alle par le
pais porter lad. fille et que le lendemain elle
luy seroit par luy amenee. Et oultre dist
que taignoagny estoit fort malade et qu'il pryoit
le capp^ne luy envoyer ung peu de sel et de pain
ce que fist led. capp^ne lequel luy manda
que c'estoit Iesus qui estoit marry contre luy
pour les mauvais tours qu'il avoyt cuydez iouer

Et le lendemain led. Donnacone taignoagny
Domagaya et plusieurs aultres vindrent et amenerent
ladicte fille la representant aud. cappitaine
lequel n'en tint compte et dist qu'il n'en
vouloit point et qu'ilz la rammenassent.
De quoy respondirent faisant leur excuse
qu'ilz ne luy avoyent pas conseille s'en aller
ains qu'elle s'en estoit allee pour ce que les
pages l'avoyent batue ainsi qu'elle leur
avoyt dict et prierent de rechef le capp^ne

de la Repeunde: et aultres mesmes les menerent jusques au navire. Apres lesquelles choses le Cappne commanda apporter pain et vin et les festoya. Puis prindrent congé les ungs des aultres. Et despuis sont allez devers cez navires et vont a leurs demourances en aussi grand amour que paravant.

De la grandeur et profondeur dudict fleuve en general. Et des bestes oyseaulx poissons arbres et aultres choses que y avons veu. Et de la situation des lieux.

Ledict fleuve commance passe lysle de
lassumption le travers des haultes montaignes
de honguedo et des sept ysles et ya de
distance en traverse environ trente cinq ou quarante
lieues et ya au mylieu plus de deux cens
brasses de parfond. Le plus seur
et le plus pave a naviguer est du couste devers
le su et devers le nort savoir es dictes
sept ysles ya dun couste et daultre environ
sept lieues loing desd ysles deux grosses
rivieres qui descendent des montz du saguenay
Lesquelles font plusieurs bancqz a la mer fort
dangereulx. A lentree desd rivieres avons
veu grand nombre de baleines et chevaulx
de mer

Le travers desd sept ysles ya une petite
riviere qui va troys ou quatre lieues en la
terre pardessus des marestz en laquelle ya

vng merveilleux nombre de tous poissons de l'ripviere depuis le commancement dudict fleuve jusques a Hochelaga ya troys cens lieues et plus et le commancement d'icelluy a la ripviere qui vient du saguenay laquelle sort dentre haultes montaignes et entre dedans ledict fleuve auparavant que arriver a la provynce de Canada de la bande devers le nort. Et est icelle ripviere fort parfonde estroicte et fort dangereuse a naviguer.

Apres ladicte ripviere est la provynce de Canada ou il ya plusieurs peuples par villaiges non clos. Il ya aussi es environs dudict Canada dedans ledict fleuve plusieurs ysles tant grandes que petites. Et entre aultres y en ya une qui contient plus de dix lieues de long laquelle est plaine de beaulx et

grandz arbres et force vigne. Il y a passaige des
deux coustez d'icelle. Le meilleur et le plus
seur est du cousté devers le su. Et
au bout d'icelle vers le west y a ung
nota — affourq d'eaues bel et delectable pour mectre
Destroit de Kebec — navires ouquel il y a ung destroict dudict
fleuve fort courant et parfond mays il n'a de
laize que environ ung tret de pierre. Vis à
vis duquel y a une terre double de
bonne haulteur toute labourée aussi bonne
terre que soit possible de veoyr. Et la est
la ville et demourance du seigneur Donnacona
et de noz deux hommes qu'avyons prins au
premier voyage. Laquelle demourance se nomme
Stadaconé. Et auparavant que arrivez audict lieu
y a quatre peuples et demourances sauvaiges
d'Ajoaste Starnatan Tailla qui est sus
une montaigne et Scitadin puis ledict
lieu de Stadaconé soubz lequel

haulte terre veue de mont est la premiere et habi-
de saincte croix ouquel lieu avons esté depuis
le quinziesme jour de septembre jusques au sixiesme
jour de may v^c xxxvj ouquel lieu les navires
demouroient assec comme cy devant est dict Et apres
ledict lieu est la demourance du peuple de
Stadacona et de Donnacona lequel Stadacona
est sus une montaigne Et haultee a ung
plain pays.

Toute la terre des deux costez dudict fleuve
jusques a Hochelaga et oultre est aussi belle
et unye que jamais homme regarda. Il y a
aucunes montaignes ~~pa aucunes montaignes~~ assez
loing dudict fleuve que on veoit par sus lesdictes
terres desquelles il descend plusieurs rivieres
qui entrent dedans ledict fleuve. Toute
icelle terre est couverte et plaine de

boys de plusieurs sortes et force vignes excepte
alentour des peuples laquelle ilz ont desertee
pour faire leur demourance et labour.
Il y a grand nombre de grandz cerfz dains
ours et aultres bestes. Nous y avons
veu les pas d'une beste qui n'a que
deux piedz laquelle nous avons suivie
longuement par dessus le sable et vaze.
Laquelle a les piedz en ceste facon grand d'une
paulme et plus. Il y a force loutres byevres
martres regnardz chatz sauvages lyepvres
connyns escureux ratz lesquelz sont gros
a merveilles et aultres sauvagines. Ilz se
accoustrent des peaulx d'icelles bestes par ce
qu'ilz n'ont nulz aultres accoustremens. Il y a
grand nombre d'oyseaulx savoir grues oultardes
cygnes oyes sauvages blanches et grises
cannes cannardz merles mauvys turtres
ramyers chardonnereux tarins serins

Limosines, rossignolz, passes, pellicannes et
aultres oyseaulx comme en France. Aussi pa
davant est faict mention es chappitres
precedens que ledict fleuve est le plus hab
de toutes sortes de poissons que il soict
memoire d'homme avoyr iamays veu ny ouy
Car depuis le commancement iusques
a la fin y trouverez selon les saisons la
pluspart des sortes et espesses de po
de la mer et eaue doulce. Vous trouverez
iusques audict Canada force ballaines
marsouins chevaulx de mer. adhothuys
qui est une sorte de poisson duquel
iamays n'avyons veu ny ouy parler. Ilz
sont blancs comme neige et grandz comme mars
et ont le corps et la teste comme
levriers lesquelz se tiennent entre la m
et l'eaue doulce qui commance entre la
riviere du Saguenay et Canada.

Item y trouvasmes en ung endroict et aoust force
maquereaulx mulletz bars sardres grosses anguilles
et aultres poissons Ayant leur saison
passée y trouvasmes de l'esperlan aussi bon
que en la riviere de Seine.
Au renouveau ya force lamproyes et saulmons
Passé ledict Canada ya force brochetz
truyttes carpes brasmes et aultres poissons
deaue doulce. Et de toutes ces sortes
de poissons faict ledict peuple de
chacun selon leur saison grosse pescherye.
pour leur substance et victuaille.

Chappitre daulcuns ensaignemens que ceulx du pays nous ont donne depuis estre retournez de Hochelaga

Depuys estre arrivez de hochelaga avecq
le gallion et les barques avons conversé all[é]
et venu avecques les peuples les plus
prochains de noz navires en doulceur et
amytie fors que par foys avons eu aulcuns
differandz avecques aulcuns maulvays garsons
dont les aultres estoient fort marryz et
courroucez Et avons entendu par le seign[eur]
Donnacona Taignoagny Domagaya et
aultres que la riviere devant dicte et
nommee la riviere du Saguenay va jusq[ues]
audict Saguenay qui est loing du commancem[ent]

de plus dune lune de chemin vers amont
norouest et que passe huit ou neuf saulx
elle nest plus parfonde que p. bateaulx mays
que le droict et bon chemin et plus seur
est par ledict fleuve jusques au dessus
de hochelaga a une riviere qui descend dud.
saguenay et entre audict fleuve ce que avons veu
et que dela sont une lune a y aller. Et
Nous ont faict entendre que audict lieu
les gens sont habillez de draps comme nous
et y a force villes et peuples et bonne gens
et quilz ont grand quantite dor et cuyvre rouge.
Et nous ont dict que toute la terre
depuis ladicte premiere riviere jusques
audict hochelaga et saguenay est une
ysle laquelle est circuite et environnee
de rivieres et dudict fleuve. Et
que passe ledict saguenay va ladicte

Rivieres entrent en deux ou troys grandz riv[ieres]
diverse fort larges, puys que lon trouve m[er]
une doulce. De laquelle n'est mention n'
avoyr veu le bout ainsi qu'ilz ont ouy
par ceulx du Saguenay car ilz nous ont
dict n'y avoyr este. Oultre nous ont
donne a entendre que au lieu ou nous
laissasmes noz gallion quant fusmes a Hochel[aga]
Hochelaga y a une riviere qui va vers le
suroest ou semblablement sont une lune
a aller avec leurs barques depuis Saincte
Croix jusques a une terre ou il n'y a
jamays glaces ny neiges mais que en
icelle terre y a guerres continuelles les
ungs contre les aultres. Et que en [icelle]
y a oranges almendes noix pommes et
aultres sortes de fruictz et en grand
habundance. Et nous ont dict les

51

hommes et habitans dicelle terre estoient
vestuz et acoustrez de peaulx comme eulx
Depuis leur avoir demande sy y a de
lor et du cuyvre nous ont dict que
non. Je estime a leur dire ledict lieu
estre vers la floride a ce quilz monstroient
par leurs signes et merches

une grosse maladie et mortalite
qui a este au peuple de Stadacone
de laquelle pour les avoir frequentez
en avons este enlongez tellement
quil est mort de noz gens
jusques au nombre de vingt cinq

Au moys de decembre fusmes advertiz que la mortalite s'estoit mise audit peuple de Stadacone tellement que ja en estoient mors par leur confession plus de cinquante dequoy leur fismes deffence de non venyr a nostre fort ny entour nous. Mais non obstant les avoir chassez commanca la mortalite entour nous d'une merveilleuse sorte et la plus incongneue. Car les ungs perdoyent la soustenue et leur devenoyent les jambes grosses et enflees et les nerfz retirez et noirciz comme charbon et aucunes toutes semees de gouttes de sang comme pourpre. Puis montoit ladicte maladie aux hanches cuysses espaulles aux bras et au col. Et a tous venoyt la bouche si infecte et pourrye par les gencives que toute la chair en tumboit jusques a la racine des dentz lesquelles tumboyent presques toutes

Et tellement se esprint ladicte maladie en noz
trois navires que a la my febvrier de cent dix
hommes que nous estions il ny en avoit pas
dix sains tellement que lun ne pouvoit secourir
lautre qui estoit chose piteuse a veoyr considere
le lieu ou nous estions car les gens du
pays venoyent tous les jours devant nostre fort
qui peu de gens voyoient debout et ja y en
avoit huict de mors et plus de cinquante
en ~~[illegible]~~ ou on nesperoit plus de vye. Nostre
Cappitaine voyant la pitie et maladie ainsi
esmeue fist mectre le monde en prieres et
oraisons et fist porter vng ymaige et remembrance
de la vierge marie contre vng arbre distant
de nostre fort dun trect darc le travers les
neiges et glaces Et ordonna que le dimanche
ensuyvant lon diroyt audict lieu la messe
et que tous ceulx qui pourroient cheminer tant
sains que malades yroient a la procession chantant

Les sept pseaulmes de david avecq la letanye
ne povant faire ouvrage que luy pleust pour ce
pour ce ayant quil eust pris de mons
et la messe dicte et chantee devant lad
ymaige se fist led rapp[ortan]t pellerin a n[ost]re
dame qui se faict depeindre a Clocquemaude
promectant et alles se deult faire devoyt jouer
de chasteaulx en france cellui pour trespasser
phles Rougemont natif dambroyse de laage
de environ vingt ans/

Et la ou ce que ladicte maladie estoit proxime
fust led rapp[ortan]t envoye le corps pour veoir
se auroient aucune congnoissance dicelle
pres corps se possible estoit le sens Et
fust trouve quil avoit le ventre tout blanc
et plein environne de plus dun pot d
Ronse comme dalle le foye blanc mais

avoyt le poulmon tout pourry et putrefie
et restoit lentree tout son sang au dessus de
son ventre Car quant il fut ouvert sortit
au dessus du ventre une grand habondance de
sang noyr et trespuant Pareillement avoyt la ratte
dedans laquelle ung peu de lame environ de la p
dont comme je [illegible] estoit [illegible] sur une pa
[illegible] de pres [illegible] fut ouvert la
[illegible] une [illegible] laquelle estoit fort noire
dehors mais le dedans de la teste fut trouvee
assez belle Ce faict fut inhume au monast
ere que lon prie Dieu par sa saincte
grace donner a son ame et a tous trespassez
Amen

Et depuis de jour en autre a este tellement
Continuee ladicte maladie que telle y avoit a
este que par tout lesdictz troys mesnages
ne avoyt pas troys hommes sains de sorte

Veu que esdictz navires ny avoit homme
qui eust peu descendre soubz le tillac pour
tirer a boyre tant pour luy que pour les
aultres et pour lheure y avoyt la passion
de mort lesquelz se trouvont comme enseveliz
en foiblesse soubz les naiges Car se ne
nous estoit possible de pourvoir pour lors
envoyer la terre qui estoit gellee tant estions
foibles et avions peu de puissance Et
si estions en une crainte merveilleuse des
gens du pays quilz ne sappercussent de
nostre pitie et foiblesse Et pour couvrir
la maladie lors quilz venoient pres de
nostre fort nostre cappitaine que dieu a tousiours
preserve debout sortoit au devant deulx
avecq deulx ou troys hommes tant sains
que malades lesquelz se faisoit sortir
apres luy Et lors quil les voyt

5. iij

leurs un pain faisoit semblant les voulloir
batre et couroit et leur jectant bastons apres
eulx les suyvant a bout ne estant par signes
esditz sauvaiges que faisoit besongner ses gens
dedans les navires Les ungs a gallefester et
aultres a faire du pain et aultres besongnes
et quil nestoit pas bon quilz vinssent chommer
dehors ce quilz voyoient Et faisoit ledit cappne
battre et mener bruyt esditz navires dedans
les navires avecq bastons et maillotz faignant
gallefester Et pour lors estions si esprins
de ladicte maladie que avyons quasi perdu
lesperance de jamais retourner en France
si dieu par sa bonte infinie et misericorde
ne nous eust regarde en pitie et donne
congnoissance dun remedde contre toutes maladies
le plus excellant qui fut jamais veu ny trouve
sur la terre Ainsi que sera faicte
mention en ce chappitre

Le nombre du temps que nous

esté au hable saincte croix englass[é]

dedans les glaces et neiges [illegible]

Le nombre des gens [illegible] desp[uis]

le commencement de la maladie.

jusques a la my mars.

Depuis la my novembre jusques au xvi(e)

jour d'apvril avons esté continuellement enfer[més]

dedans les glaces lesquelles avoyent plus

de deux brasses d'espesseur et dessus

la terre y avoit la haulteur de quatre

piedz de neiges et plus tellement qu'elle

estoit plus haulte que les bordz de no[z]

neantmoins lesquelles ont duré jusques audit temps
de sorte que noz navires estoient toutes
gelées dedans les glaces et par dedans
nosdicts navires tant bas que hault estoit la
glace contre les bords a quatre doigts d'espesseur
Et estoit tout ledict fleuve par autant
que l'eaue doulce en contient jusques
au dessus de Hochelaga gellé. Auquel
temps nous deceda jusques au nombre
de vingt cinq personnes des principaulx et
bons compaignons que eussions lesquelz
mouroient de la maladie susdicte. Et
pour l'heure y en avoit plus de quarante
en qui on n'esperoit plus de vie et le
reste tous malades que nul n'estoit
exempté excepté trois ou quatre. Mais
Dieu par sa saincte grace nous regarda
en pitié et nous envoya congnoissance et remede
de nostre guarison et sancté de la sorte et
maniere qu'il sera dict au chappitre dernier.

Comment par la grace de dieu nous
eusmes congnoissance dune sorte
darbre par lequel nous avons
este gariz et ont recouvert leur
les malades sanitez sante apres q
avoyr use Et la facon dy user

Ung jour nostre cappitaine voyant la maladie si
esmeue et ses gens si fort esprins dicelle
estant sorty hors du fort et soy promenant
sur la glace apperceut venir une bande de
gens de stadacone en laquelle estoit
Dom agaya lequel le cappitaine avoyt
veu dix ou douze jours fort
malade de la propre maladie que avoi

les gens dont le avoit l'une des jambes par le genoul
aussi grosse que d'ung enffant de deux ans Et tous
les nerfs d'icelle retirez les dens perdues et
gastees et les gencives pourries et infectes
Et le cappne voyant ledit Dom agaya sain et guery
fut joyeulx esperant par luy scavoir comme se
estoit guery affin de donner aide et secours
a ses gens Et tost qu'ilz furent arrivez pres
le fort le cappne luy demanda comme il s'estoit
guery de sa maladie Lequel Dom agaya respond
Respondit que avec le jus des feuilles d'ung
arbre et le marc il s'estoit guery et que c'estoit
le singulier remedde pour maladie Lors le
cappne luy demanda s'il y en avoit point la
entour et que luy en monstrast pour guerir son
serviteur qui avoit prins lad. maladie avecques en
la maison du seigneur Donnacona ne luy
voullant declarer le nombre des compaignons qui
estoient malades Lors led. Dom agaya
envoya deux femmes avec nre cappne pour en

querir. lesquelz en apporterent neuf ou dix
rameaulx et nous monstrerent que falloit
piller l'escorce et les feulles dudit boys et mectre
le tout bouillir en eaue puis boyre de lad.
eaue de deux jours l'un et mectre le marc
sur les jambes enflées et malades et
que de toutes maladies ledict arbre garissoit.
Ilz appellent ledict arbre en leur langaige
Annedda.

Tost apres le capp[ain]e fist faire du bruvaige
pour faire boire es malades desquelz n'y avoit
nul d'eulx qui voulsist icelluy essayer sinon
ung ou deux qui se mirent en adventure d'icelluy
essayer. tost apres qu'ilz en eurent beu ilz
eurent l'advantaige qui se trouva estre ung vray
et evident miracle. Car de toutes maladies
dequoy ilz estoient entachez apres en avoir

par deux ou troys foys recouvroient sancté et
guerison tellement que tel des compaignons qui
avoyt la verolle puis cinq ou six ans auparavant
la maladie a esté par ladicte medecine curee
nettement. Depuis ce avoir veu y a eu telle
presse que on se vouloit tuer sur ladicte medecine
a qui premier en auroit. De sorte que ung arbre
aussi groz et aussi grand que je vis jamais
arbre a esté employé en moings de huict jours
lequel a faict telle ~~oper~~ opperacion que se tous
les medecins de Louvain et Montpellier y eussent
esté avecques toutes les drogues d'Alexandrie
ilz n'en eussent pas tant faict en ung an que
ledict arbre a faict en huict jours. Car il nous
a tellement proffité que tous ceulx qui en
ont voullu user ont recouvert sancté et guerison
la grace a dieu /

Comment le seigneur Donnacona accompaigne de taignoagny et plusieurs aultres partirent de stadacone pour aller a la chasse aux cerfz et aultres bestes lesquelz furent deux moys sans retourner et a leur retour amenerent grand nombre de gens que navions accoustume de veoir.

Durant le temps que la maladie et mortalité regnoit en noz navires se partirent Donnacona taignoagny et plusieurs aultres faignans aller prendre des cerfz et aultres bestes lesquelz ilz nomment en leur langaige aionnesta et asquenondo pour ce que les neiges estoient grandes et que les glaces estoient ja rompues dedans le cours du fleuve tellement quilz pouvoyent naviguer. Et nous fut d

Dom agaya et aultres dirent qu'ilz ne scavoient que quinze
jours ce que avyons mays ilz furent deux moys sans
retourner d'aupres de nous dont nous suspections qu'ilz
ne s'en feussent allez amasser grand nombre de gens
pour nous faire desplaisir pource qu'ilz nous veoyent
si affoiblyz Non obstant que avyons mys si bonne
ordre en noz faict que si toute sa puissance
de leur terre y eust esté ilz n'eussent sceu
faire aultre chose que nous regarder et pendant
le temps qu'ilz estoient dehors venoient tous
les jours force gens a noz navires comme ilz
avoient de coustume nous apportant de la chair
fresche de cerfz et de dains et poisson frais
de toutes sortes qu'ilz nous vendoient assez cher
ou mieulx l'aymoient remporter pource qu'ilz
avoient necessité de vivres pour lors a cause
de l'hyver qui avoit esté long et qu'ilz avoient
mangé leurs vivres et estorcemens

Comment Donnacona seigneur d

Stadaconé accompaigné de grand nom

de gens Et fist ledict Donnacona s

malade de paour de veoir veoir le

Cependant que ledict cappitaine alla ...

Le xxime jour du moys dapvril Dom agaya
vint abord de noz navires acompaigne de
plusieurs gens lesquelz estoient beaulx et
puissans et navions acoustume de les veoir
qui nous dirent que le seigneur Donnacon
seroit le landemain venu et quil apporteroit
force chair de cerfz et aultres venaison Et
le landemain xxii jour dudict moys arriva
ledict Donnacona lequel amena en sa compaig
grand nombre de gens audict Stadaconé n
sçavons a quelle occasion ny pourquoy ...

6

Comme on dict en ung proverbe qui de tout se
garde daulcuns eschappe. Ce que nous estoit
de necessite car nous estions si affoiblys tant
de maladie que de gens mortz quil nous a falleu
laisser ung de noz navires audict lieu de
saincte croix. Le Cappne estant adverty de
leur venue et quilz avoyent amene tant de peuple
et aussi que Domagaya le vint dire au
cappne sans vouloir passer la riviere qui
estoit entre nous et led Stadacone comme
fut difficulte de passer ce que navoyt
acoustume de faire. auroys degrez eusmes
suspection de traison. Voyant ce le
Cappne envoya son serviteur nomme Charles
guyot lequel estoit plus que nul autre
aime du peuple de tout le pays pour
veoir qui estoit audict lieu et quilz
faisoient. Led serviteur faignant estre
alle veoir led seigneur Donnacona porter
quil avoit demeure long temps malade luy

Lequel luy porta aucun present Et lors que
ledict Domarone fut adverty de sa venue f
se malade et se coucha disant aud fm
que estoit fort malade Apres alla led
Scontiene en sa maison de tangrvagn
pour le veoir ou par tout trouva les ma
si plaines de gens que on ne se pouvoyt
tourner Lesquelz on menoyt arroustemen
veoir et ne vouloient permettre les tangrvag
que ledict Scontiene allast es aultres maison
Apres le convoya voir les premiers dorm
la mer du chemin Et luy dist que
le rapp luy vouloyt faire plaisir de
prendre ung seigneur du pays nomme
lequel luy avoit fait desplaisir et luy
en feroit que feroit tout ce que vouldroi
led rapp et que retournast le landem
luy dire sa responce

Quant le capp^ne^ fut adverty du grand nombre
de gens qui estoient audict Stadacone ne scavoit
a quelle fin se delibera leur jouer finesse
et prendre leur seigneur Taignoagny Dom agaya
et des principaulx Et aussi qu'il estoit bien
delibere de mener ledict seigneur Donnacona
en france pour compter et dire au Roy ce qu'il
avoit veu es pays occidentaulx des merveilles
du monde. Car il nous a certiffie avoir
este a la terre du Saguenay ou il y a infiny
or rubiz et aultres richesses et y sont
les hommes blancz comme en france et acoustrez
de draps de laine. Plus dict avoir veu
Nota aultre pays ou les gens ne mangent point
et n'ont point de fondement et ne digerent
point ains font seullement eaue par la
verge. Plus dict avoir este en aultre
pays des Picquemyans et aultre pays ou les
gens n'ont q'une jambe et aultres merveilles
longues a racompter. Ledict seigneur
est homme ancien et ne cessa jamais d'aller

par part desprins sa congnoissance tant de
femmes Hermidel que par lui. Des ?ves qui
ledit Sombres est faict par messaige et dict
a son maistre ce que ledit Taignoagny luy
mandoit a lamoya. Le rapp^t [illegible]
a lendemain dire audict Taignoagny quil se
vint veoir et luy dire ce quil vouldroit
et quil luy feroit bonne chere et partie
de ses voulloir. Ledit Taignoagny luy manda
quil viendroit le lendemain et quil meneroit
Domagaya et ledit homme qui luy avoyt
faict desplaisir ce que ne fist dont
fut deux jours sans veoir. Pendant
lequel temps nulz ne vint a ... et mesmes
dudict Stadacone comme avoyent de coustume
mays nous fuyoient comme si les eussions
voullu tuer lors apperceusmes leur malice
Et pource quilz furent advertiz que
ceulx de Sitadin alloient et venoient
entour nous et que leur avions habandonne

Le fons du navire que faisions pour
avoir le vue lesquelz vindrent vers les batz
pour ledict Stadacone de Saincte Croix
de la riviere. Et passerent la plusgrand
partye d'eulx es petitz bateaulx sans difficulte
mays ledict Donnacona ne voullut passer
et furent Taignoagny et Domagaya plus d'une
heure a parlementer ensemble avant que voulloir
passer mays en fin passerent et vindrent
dire audict cappne Et pour ce leur Taignoagny
le cappne voulloyr prendre et emmener aucun
homme ou femme. Ce que refusa
ledict cappne disant que le Roy
son maistre luy avoit deffendu
de non emmener homme ny femme de France
mays bien deulx ou troys petitz garcons
pour apprendre le langaige mays que
voulentiers les emmeneroit a leur maistre
et que les remectroit en une ysle. Les
quelles disoyt ledict cappne pour les asseurer

et nepveu fut damoine dudict Domarona lequel
estoit damoine de la Varrie. Desquelles
larrons fut fort joyeulx ledict saignouay
esperant en Albanonne jamais en France.
Et promist audict Cappne de Fletenne
le landemain qui estoit le jour
saincte croix. Et amenee leur seigneur
Domarona et tout le peuple dudict
Gadarone.

Comment le jour saincte croix le
cappne fist planter une croix devant
une fort. Et comment le
seigneur Domarona saignouaguy du
agaya et leurs bandes vindrent en
de la prinse dud. seigneur

Le iij^e jour de may jour et feste saincte croix
pour la sollempnite et feste de rapp^m fist
planter une belle croix de la banliene damyens
tournee ung peu de saugnier soubz la
corzillon de laquelle y avoit ung escusson
en bosse des armes de france et sur icellui
estoit escript en lettres dor attaque ffranciscus
primus dei gratia francorum rex regnat
Et icellui jour environ midi vindrent parsonnes
gens de sladarone tant hommes femmes que
enffans qui nous dirent que leur seigneur
dommecorne teugnoagny domagaya et aultres
qui estoient en sa compaignye venoient de quoy
fusmes joyeulx esperant nous en saisir lesquelz
vindrent environ deux heures apres midi et
lors quilz furent arrivez davant nos navires
nostre rapp^m alla saluer le seigneur donnacona
lequel pareillement luy fist grand chere
mais toutesvoies avoit loeil au boys et une

Craincte merveilleuse. Tost apres arryva Taignoagny
lequel dist audict seigneur Donnacona qu'il
ne entrast poinct dedans le fort. Et lors fut
par luy de ses gens apporte du feu hors du
fort et allume pour ledict seigneur. Nostre
cappitaine le pria de venir boyre et manger
dedans les navires comme avoit de coustume
et semblablement en pria ledict Taignoagny
lequel dist que tantost ilz y viendroient. Ce
qu'ilz firent et entrerent dedans le fort
mais auparavant avoit este nostre cappitaine adverty
par Domagaya que ledict Taignoagny avoit mal
parle et qu'il avoit dict au seigneur Donnacona
qu'il ne entrast poinct dedans les navires. Et
nostre cappitaine voyant ce sortit hors du parc
ou il estoit et vyt que les femmes s'en
fuyoient par l'advertissement dudict Taignoagny
et qu'il ne demouroit que les hommes lesquelz
estoient en grand nombre. Et commanda le
cappitaine a ses gens prendre ledict seigneur
Donnacona Taignoagny Domagaya et deux

aultres des principaulx quil monstra. puis que
on fist retirer les aultres. Tost apres ces
seigneurs entra dedans ameq ledict capp^ne mays
tout soubdain les taignoagny vint pour le
faire sortir. Nostre capp^ne voyant quil ny
avoyt aultre ordre se print a crier que lon
les prinst. auquel cry sortirent les
gens dudict capp^ne lesquelz prindrent ces
seigneurs et ceulx que on avoyt desliberé prendre
lesquelz canadiens voyans ladicte prinse
commencerent a fuyr et courir comme brebis davant
le loup les ungs le traverse de la riviere
les aultres parmy le boys cherchant chascun
son advantaige. Ladicte prinse ainsi faicte
des dessusdictz et que les aultres se
furent tous retirez furent mys en seure garde
lesd. seign^s et ses compaignons

Comment les Canadiens vindrent la
nuict davant les navires cercher leurs
gens. Durant laquelle ilz veillerent
et cryoient comme loupz. Et le plain
et conclusion qu'ilz firent le lendemain
et des presens qu'ilz firent a nostre capp[itai]ne.

La nuict venue vindrent davant noz navires la
riviere entre deulx grand nombre du peuple
dudict Donnacona hurlant et ullant toute la
nuyt comme loups cryant sans cesse Agohanna
Agohanna pensant parler a luy. Ce que
ne permist ledict capp[itai]ne pour l'heure ne le
matin jusques environ midy. Parquoy nous fa-
faisoient signe que les avions tuez et pendus.
Et environ heure de mydi retournerent derechef
en aussi grand nombre que avons veu de
voyage pour ung coup eulx tenans cachez dedans

le boys fort autrement dessus qui reyoient et appelloient a haulte voix ledict Donnacona Et fort commanda le cappitaine faire monter le Donnacona hault pour parler a eulx et luy dist ledict cappitaine qu'il feist bonne chere et que apres avoyr parlé au Roy de france son maistre et compté ce qu'il avoyt veu au Saguenay et aultres choses que il reviendroyt dedans dix ou douze lunes et que le Roy luy feroyt ung grand present Dequoy fut fort joyeulx ledict Donnacona lequel le dist aux aultres en parlant a eulx lesquelz en feirent troys cris merveilleux en signe de joye. Et alors feirent lesdictz peuples et Donnacona entre eulx plusieurs predications et serimonyes lesquelles ne sont possible de escripre par faulte de l'entendre. Nostre cappitaine dist audict Donnacona qu'ilz vinssent seurement de l'aultre bort pour mieulx parler ensemble et que l'on les asseurroyt. Ce que luy dist ledict Donnacona

Et suivre vindrent une barque des principaulx
bien quinze hommes lesquelz de Stachof
commencerent a faire plusieurs presentations au dom
hommaige a nre cappne et luy firent present
de vingt quatre colliers desnoguy qui est
la plus grand richesse quilz ayent au
monde car ilz lestiment mieulx que or ne
argent. Depuis quilz eurent assez demene
et devise les ungz avec les aultres et quil
ny avoit remedde audict seigneur de sechappe
et que fauldroit quil vint en france. Le
sieur commanda que on luy apportast vivres
pour manger par la mer et que on les luy
apportast le lendemain. Nre cappne fist
present audict Donnacona de deux paelles
darain et de huict hachotz et aultres menuz
besongnes comme cousteaulx et patenostres
dequoy fut fort joyeulx a son semblant
et les envoya a ses femmes et enffans
pareillement donna ledict cappne a ceulx
qui estoyent venuz pler audict Donnacona

de noz petitz presens desquelz remercyerent
fort ledict capp^ne et faict ce se retournerent
et s'en allerent a leurs logis.

Comment le lendemain le capp^ne pro
de moy ledict peuple de Stadacone
pour aller a leur seigneur. Et
comment ledict quatre femmes abor
luy apporter des vivres.

Le lendemain le capp^ne pro ledict moys
au plus matin ledict peuple de Stadacone
en grand nombre pour aller a leur seigneur
et envoyerent vng seigneur qu'ilz appellent
Casseny ce lesquelles y estoient quatre.

-femmes sans y avoyr aultres hommes pour la
doubte qu'ilz avoyent que on les tuast. Lesquelles
apportèrent force vivres, savoyr gros mil qui
est le bled dont ilz vivent, chair, poisson
et aultres provisions a leur modde. Lesquelles apres
estre arrivez et menées dedans le capp^ne bon
Larguait. Et puis Donnacona le cappitaine
qui leur dist que dedans douze lunes
se retorneroit et qu'il ameneroyt ledit Donnacona
a Canada et ce dyt pour les contenter.
Ce que fist ledit capp^ne. Dont lesd.
femmes firent vng grand semblant de joye
et monstrant par signes et gestes audit capp^ne
que mays qu'il retornast et amenast ledit
Donnacona et aultres, elles luy feroyent
plusieurs presens. Et lors chacunes desdites
donna audit capp^ne vng collier de esnogny
puis s'en allerent de l'aultre bort dela riviere
ou estoyent tout le peuple dudit Stadacone
puis se retiroient et prindrent congie dud.
dudit seigneur Donnacona/

Le samedy vj^me jour de may Nous appareillasmes
du hable saincte croix et vinsmes poser au bas de
ysle dorleans environ douze lieues dud lieu
saincte croix Et le dimanche vinsmes a
lysle es couldres ou avons este jusques au
lundy xvj^me jour dudict moys laissant
amortir les eaues lesquelles estoient
trop courantes et dangereuses pour avaller
ledict fleuve Pendant lequel temps
vindrent plusieurs barques des peuples subgectz
audict donnacona lesquelz venoyent de la
riviere du saguenay Et lors que
L domagaya furent advertiz de la prinse
dudict et la facon et maniere comme on menoit
ledict donnacona en france furent bien
estonnez mays ne laisserent a venir a
bord des navires parler audict donnacona
qui leur dist que dedans douze lunes
il retourneroyt et quil avoyt bon traictement

Dautre le cappne et compaignons dequoy
tous a une voix remercierent led. cappne
Et donnerent audict Donnacona trois pacqu
de paulx de byevres et loups marins aveq
ung grand cousteau de cuyvre rouge qui
vient dudict Saguenay et aultres choses Ilz
donnerent aussi au cappne ung cercle
desnogny. Pour lesquelz presens leur
fist le cappne donner dix ou douze
hachotz desquelz furent fort contens et
joyeulx remercians ledit cappne. Puis
sen retournerent.

Le passaige est plus sain et meilleur
entre le nort et ladicte ysle que
vers le su pour le grand nombre des
basses bancqz et rochiers qui y sont
et aussi quil y a petit fondz.

Le lendemain xxme jour de may nous appareillasmes
de ladicte ysle es couldres et vinsmes poser
a une ysle qui est a environ quinze lieues
de ladicte ysle es couldres laquelle est
grande de environ cinq lieues de long et
la posasmes celluy jour pour passer la
nuyt esperant le lendemain passer les
dangiers du Saguenay lesquelz sont
fort grandz. Le soir fusmes a ladicte
ysle ou trouvasmes grand nombre de lievres
desquelz nous eusmes quantite et pour ce
la nommasmes lysle es ~~couldres~~ lievres
Et la nuyt le vent vint contraire et
en tourmente tellement qu'il nous faillyt
relascher a lysle es couldres dou estions
partiz pour ce qu'il n'y a aultre passaige
entre lesdictes ysles et y fusmes jusques
au   jour dudict moys que le vent
vint bon et serain. ffysmes [illegible] noz journees

que nous passames jusques a hongnedo
entre ladite ysle de lassumption et ledit hongnedo
lequel passaige navoit paravant este
descouvert et fismes couryr jusques le
travers du cap de prato qui est le commancement
de la baye de chaleur Et pource que le
vent estoit convenable et bon a plaisir
fismes porter le jour et la nuyt Et
le landemain vinsmes querir au travers
ysle de bryon ce que voullyons faire
pour abarger de noz chemyn gisent
les deux terres suest et norouest
ung quart de lest et de louest et y a
entre elles cinquante lieues Ladite
ysle est en quarante sept degrez et demy
de latitude.

Le [illegible] jour dudict moys jour et feste
de la translation monseigneur [illegible] nous trouvasmes
a une lieue et demye de [illegible] arrivasmes
qui demeuroit au suroest de ladicte
ysle de Bryon environ huit lieues [illegible]
lesquelles y a de grosses roches plaines
d'oyseaulx. Et y a une mer [illegible] dont
n'avons veu [illegible] [illegible] [illegible]
[illegible] [illegible] [illegible] XII. Le vendredy
[illegible] [illegible] que le vent changea a la coste
nous retournasmes a ladicte ysle de Bryon ou fumes jusques
au lendemain jour de [illegible] et vinsmes querir une
terre haulte qui demeure au suest de ladicte
ysle qui nous apparessoit estre une ysle et
la rangeasmes environ vingt deux lieues et
demye faisant lequel chemin eusmes
congnoissance de troys autres ysles qui
demeuroient [illegible] les arennes et pareillement
lesdictes arennes estre [illegible] et laquelle terre qui
est terre haulte et unye estre terre ferme
Le [illegible] au suroest de [illegible]

Lesquelles ysles congnusmes estre au
Cap de ladicte terre qui se faict a deulx ou
trois coupletz haultz a merveilles et grand parfond deau
et la mer se tournant quil nest possible
de plus. Nous nommasmes celluy cap Cap
de Lorraine qui est en 46 degrez ½ du
Auquel cap y a une basse terre et semblance
dentree de riviere mais il ny a hable qui
vaille. Par sur lesquelles vers le su demeure
ung cap de terre que nous nommasmes le
Cap de sainct paul qui est en 47 degrez
¼

Le dimanche iiie jour dudict moys jour
et feste de la penthecouste eusmes congnoissance
de la coste dest suest de terre neufve
estant a envyron xxij lieues dung cap
Et pour ce que le vent estoit contraire
allasmes a ung hable que nommasmes le
hable du sainct esperit jusques au mardy
que appareillasmes dudict hable et rangeasmes
ladicte coste jusques aux isles de sainct
pierre. Lequel chemin faisant trouvasmes

Le long de ladicte coste plusieurs ysles et
basses fort dangereuses estans en la routte
dest suest et ouaist norouaist a 2/3/et 4/
lieues a la mer Nous fumes aux ysles
saint pierre ou trouvasmes plusieurs navires
tant de france que de bretaigne despuis
le jour sainct barnabe xie de juing
jusques au xvie jour dud. moys que
appareillasmes desdictes ysles sainct pie
et vinmes au Cap de Raze et entrasmes
dedans ung hable nomme Rougnouse ou
prinsmes eaues et boys pour traverser la mer
et la laissames lune de noz barques
et appareillasmes dud. hable le lundy
xixe jour dud. moys Et avecq bon temps
de nort navigasmes par la mer tellement que
le xvie jour de juillet arrivasmes
au hable de Sainctmalo la grace au
Createur Lequel prions faisant fin a
nre navigacion Nous donner sa grace et
paradis a la fin Amen.

Ensuit le langaige des pays et Royaulmes de hochelaga et Canada aultrement dicte la Nouvelle france.

Segada	1
Tigneny	2
Hasche	3
Honnacon	4
Ouiscon	5
Indahir	6
Ayaga	7
Addegue	8
Madellon	9
Assem	10

Ensuit les noms des parties du corps de l'homme.

La teste	Aggonozy
Le front	Hegueniascon
Les yeulx	Hegata
Les oreilles	Abontascon
La bouche	Esahe
Les dentz	Esgougay

La langue · esnache ·
La gorge · agonhon
Le menton · hebbehin
Le visage · hegouascon
Les cheueulx aganiscon ·
Les bras ayayascon
Les esselles hetnenda ·
Les costez aissonne ·
Lestomach — aggruascon
Le ventre · eschehenda
Les cuysses hetnegrouadascon
Les genoulx agochinegodascon
Les iambes agouguenehonde ·
Les piedz onchidascon
Les mains aignoascon
Les doiz agenoga ·
Les ongles agedascon
Le vyt agrascon
Le con · chastaigne ·
La barbe du menton ostone ·
La barbe du vyt aggonsson
Les couillons xista ·

Vng homme	Agrehay
Vne femme	Aggouetta
Vng garson	Addegesta
Vne fille	Agnyaquesta
Vng petit enffant	Exiasta
Vne robbe	Cabata
Vng pourpoint	Coza
Des chausses	Henondoua
Des souliers	Atha
Des chemises (Chausses)	Amgona
Vng bonnet	Castoua
Ilz appellent le ble	Osize
Pain	Carraconny
Eaue	Ame
Chair	Quahouascon
Poissons	Quejon
Pommes	Honnesta
Figues	Absconda
Raisins	Ozaha
Noix	quahaya
Gaulles de bresil	Hesquegora
Petites noix	Undegonaha

Vne Pouelle	Sahorigahoa.
Vne Lamproye	Zyfo
Vng Saulmon	Ondarroy
Vne Balleine	Da fmuhome.
Vne anguille	Esguiry
Vng Esroeal	Casogny
Vne Soulanne	Ondoguieh
Des huytres	hacagonne
Des ocelynes	homorofunda
Ils appellent le boys	Zonda
Fagot de boys	bonga.
Ils appellent leau douce	Ondonegny
Donnez moy a boire	quezaboa quea.
Donnez moy a disner	quezaboa quesrahoa.
Donnez moy a souper	quezaboa a quatsoraen
Allons nous coucher	quesigno agnidaboa.
Bon Jour	Agan
Allons Jouer	quesigno Laudy
Vng Jeu de [illegible]	Asigne guedaya
Regardez moy	Quarabgaheoma
Taisez vous	Aosta
Allons au bateau	quesigno quesuony

Cela ne vault riens — Gahauty quachonquy
Donnes moy ung cousteau — quiyahua Aguibada
Ung arbre — Addegne
Ung arc — Aharra
Une fleiche — Gzahetan
Des flammes — Garra herroy
Parlons a la basse — quasigne donesseno
Ung pot — Spimesta
Ung dain — Sqmerondo
Ung homme — Gonehanda
Ung chien — Aggano
Des vaches — Bodegnanda
Le chemin — Bidde
Ils apportent la graine de coulombes
et melons — Caronda
Quant ils veullent dire demain
ils disent — Orhido
quant ils veullent dire adieu
quelquun ils disent — Gadyagnehanygue
Chantes — Chagnehoarra
Rire — Cahgzen
Pleurer — Aggnanda
Danses — Chagoara

Le Ciel	quenhia
La terre	Damga
Le Soleil	Ysnay
La lune	Assomaha
Les estoilles	Signehoaua
Le vent	Cahoma
La mer	Agougasse
Eaue doulce	Ame
Les vagues de la mer	Coda
Une ysle	Coham
Une montaigne	Agacha
La glace	Honnesca
La Neige	Camsa
Froyt	Athau
Chault	Odazani
Mon amy	Aguyase
Ennemy	Chodarchadi
Feu	Azista
Fumee	Quea
La fumee me faict mal aux yeulx	Quea quanvoagne ygata

Ung tel est mort — Camedam.

Une maison — Canocha.

Ilz appellent leurs febves — Sahé.

Ilz appellent une ville — Canada.

Quant ilz veullent dire fascher a quelcung
ilz le appellent agojuda qui est a dire
meschant et traystre — Agojuda.

Villain — Aggonsay.

Ilz appellent leurs degrez ilz vont
en leurs cornetz durant hyver — Quyecta.

Il y a des grez. Mais en leur pays qui
sont grez comme commyns les quelz faisant
le mesq et les appellent — Hontthe.

Quant une femme est si viel quel
ne peult plus enfanter ilz l'appellent
Agondesta.

Mon pere — Addhaty.

Ma mere — Addhenahoo.

Mon frere — Addhadgny.

Ma seur — Addasino.

Mon cousin — Hagay.

Mon oncle — Yuadin.

Ma femme — Ysaa

Mon enffant — Agno

Grand — estahagu

Petit — esthahagua

Gros — Hougauda

gresle — Hourquehiry

Quant ilz veullent faire quelque exclamation ilz dient — Agyondee

Nota que de leur seigneur nomme Donnacona d'este aultre terre ou ilz font une forme a aller aucquelles leurs barques despuis Canada jusques a lad. terre en laquelle il y croist force canelle et girofle.

Ilz appellent lad. canelle — Adotathny

Le girofle — Canonotha

www.ingramcontent.com/pod-product-compliance
Lightning Source LLC
Chambersburg PA
CBHW051730090426
42738CB00010B/2181